KB081275

애도의 기술

과거에서 헤어 나오지 못하는 사람들을 위한 심리학

애도의 기술

박우란 지음

m o u r n i n g

유노
라이프
LIFE

누구나 자기만이 알고 있는
아픔의 리듬이 있다.

- 롤랑 바르트

우리는 매일
이별하며
산다

저는 고통을 듣는 사람입니다. 분석실에서 매일 멈춤 없이 고통을 듣고 또 듣습니다. 사람들이 들려주는 고통을 담고 담아낸 고통을 먹습니다. 그렇게 저의 하루, 일상은 지속됩니다. 하루 일과가 끝나면 마치 러닝머신을 쉬지 않고 뛴 사람처럼 많은 고통들이 온몸에 흘러내립니다.

분석실에서 집으로 돌아가는 길이면 더욱 무수한 감정과 감각들이 살아납니다. 차에 앉아 운전대를 돌리는 고요한 밤

마다 홀로 운전대를 잡고 생각에 빠집니다.

'우리는 왜 이렇게 아플까?'
'우리는 왜 이렇게까지 힘이 들까?'
'살아 있음이 그런 것일까?'

날마다 먹는 고통 때문에 숨이 조여 오는 날도 있습니다. 그런 날은 아침에 눈을 뜨면서 숨을 크게 내쉬고 염원합니다. 도무지 없어지지 않는 그 고통들과 잘 지내게 해 달라고 말이지요. 제 역량을 넘어서는 것도 수용하고, 견디기를 기도합니다. 저는 매일 그렇게 사람들이 쏟아 놓은 고통을 먹으러 분석실로 향합니다.

어떤 사람은 아무리 발버둥쳐도 벗어날 수 없는 올가미에 묶여서 처연하게 몸부림칩니다. 아무리 의식적으로 이성적으로 스스로를 설득해도 미쳐 날뛰는 듯한 증상에 공격을 당하면 허무하게 무너지고 맙니다. 힘들어서 몸부림치는 그들 앞에서, 침묵으로 버티는 일밖에는 아무것도 할 수 없는 날도 있습니다.

고통스런 증상을 겪는 사람들에게 묻고 싶습니다.

"우리의 애도는 끝날 수 있을까요? 아니, 우리는 애도를 끝낼 수 있을까요?"

우리는
쉼 없이 잃어 간다

오래 전 어느 날, 우연히 텔레비전 예능을 보게 되었습니다. 연인이 나와서 데이트를 하는 장면이 나왔는데, 그 순간 갑자기 눈물이 하염없이 쏟아졌습니다. 슬픈 장면도 아니고 부러운 장면도 아니었습니다. 그저 남자와 여자가 지극히 평범하게 데이트를 하는 장면이었지요. 텔레비전을 껐는데도 한참 동안 눈물이 흘렀습니다.

'왜 이렇게 서러운 눈물이 나지? 도대체 이것이 무슨 감정이지?' 하고 이틀을 곰곰이 스스로에게 물어야 했습니다. 이 감정의 정체를 알아내기 위해 가만히 생각에 잠기던 중, 번뜩 깨닫게 되었습니다. 남자가 여자의 머리를 무심코 쓰다듬는 모습이 저에게는 하나의 트리거(어느 특정한 동작에 반응해 자동으로 벌어지는 것)로 작용했지요. 의식적으로는 알아차리지 못했지만 무의식적으로 남편을 만났던 맨 처음의 시간과 교차하고 있었습니다.

텔레비전 속 연인이 데이트를 하는 장면 속에 제 남편이 있었습니다. 지금의 남편이 아니라 오래전 수도원에서 만나 결혼에 이르기까지 젊은 날의 남편이었지요. 만남 초기에 저에게 빠졌던 남편이 아니라 한 젊은 수사의 모습이었습니다. 수도원을 사랑하고 자신이 따르던 공동체 동료들을 사랑했던 젊은이의 모습이었습니다. 그 모습에 제 수도원 시절, 젊은 수녀의 시간도 동시에 떠오른 것이지요.

수사와 수녀였던 저희 부부는 가족과 수도원 모두가 반대했던 관계였습니다. 환영받지 못한 시간 동안 기대고 지탱할 수 있는 사람은 오로지 서로밖에 없었습니다. 그때 남편은 종종 제 머리를 쓰다듬곤 했는데, 머리를 쓰다듬는 모습을 보니 그 시절로 빠르게 돌아갔던 것이지요. 그때의 아픔과 고통 그리고 서로를 지탱했던 마음이 모두 그 장면에 겹쳐져 소환된 것입니다.

단지 오래전 기억이 떠올랐다는 사실에 슬프고 눈물이 난 것은 아닙니다. 눈물이 흐른 가장 중요한 이유는 이제는 그때의 그를, 그때의 나를 잃었기 때문입니다. 행복과 고통을 포함해 그때의 것은 모두 잃었습니다. 다시는 찾을 수 없는 잃어버린 시간, 감정, 서로에 대한 눈길에 슬퍼졌지요.

제 앞에 선 그는 더 이상 그때의 그가 아닙니다. 그 앞에 선 저도 그때의 제가 아니지요. 그럼에도 관계를 이어 가는 힘은 이전의 시간과 감정들, 감정이 만들어 낸 서사에 대한 책임을 다하고자 하는 태도 때문이겠지요.

수도원을 떠나오면서 오열한 그날 이후, 저는 그때의 시간과 상실을 생각하며 울지 않았습니다. 제가 잃은 것이 무엇이었는지 텔레비전의 연인들을 본 그 순간, 알아차렸으니까요.

저는 왜 그 시간을 그렇게 묻었을까요? 저에게 있어 차마 돌아볼 수 없을 만큼 커다란 것을 잃었기 때문이지요. 뒤를 돌아보면 오직 현재에만 집중하며 하루하루를 살아내려고 온 마음과 힘을 다했습니다. 그러면서 저의 가장 중요한 시간을 홀대하고 있었습니다.

그것을 자각하고 정신분석 교육 수련을 다시 받았습니다. 저는 분석 훈련을 하며 원없이 수도원에 대한 이야기를 풀어 냈고 충분히 그리워했습니다. 그러고 나서 그 시간의 고통을 다시 경험했습니다. 그렇게 애도의 시간을 보냈지요.

수도원에서 보냈던 저의 젊은 날은 제 인생에서 가장 빛나던 시간이었고 빛나던 만큼의 혼란과 고통으로 아팠던 시간이었습니다. 돌아갈 수 없고, 돌아가고 싶지도 않기에 반짝거리는 시간으로 다시 세공할 수 있었습니다.

나를 위해 반드시 치뤄야 할 것

누락된 감정과 시간, 누락된 기억은 살다 보면 언제든 다시 찾아옵니다. 그것은 하나의 증상으로 소환되기도 하고 알 수 없는 고통으로 나타나기도 합니다. 끊임없이 사랑에 빠져야 하거나 결코 사랑에 빠질 수 없게도 합니다.

우리는 그렇게 날마다 상실합니다. 매일매일 잃어가지요. "무얼 어디다 잃었는지 몰라 두 손이 주머니를 더듬어 길에 나아갑니다"라는 윤동주의 시 〈길〉처럼, 무엇을 잃었는지 몰라 우울해집니다. 무엇을 소환하는지 모른 채 증상을 반복하며 살아갑니다.

저는 잃지 않기 위해서가 아니라 더 잘 잃기 위해서, 더 잘 상실하기 위해서 하루하루를 살아가라고 말하고 싶습니다.

많은 분들이 '진짜 나를 찾아서' 내적 작업을 하고 나를 이해하면 고유한 나를 발견하리라는 환상을 가지고 있습니다. 고유한 내 모습으로 살면 더없이 행복하고 자유로우리라는 생각과 함께 말이지요.

진짜 나를 찾아내는 일이 중요한 것이 아니라, 복잡한 자기 이해를 위해 지난한 노력과 힘을 들이는 과정이 중요합니다. 세상에 범람하는 지식에 자신을 끼워 맞춰 "아, 나는 그렇구나" 하고 넘기지 않고, 자신을 붙들고 끝까지 이해하려는 노력과 사투의 과정이 필요합니다.

여기서 말하는 과정은 중간에 멈추는 것이 아니라 끝까지 결과를 향해 가는 여정입니다. '결과를 알 수 없지만 끝까지 가 보는 것', '끝까지 붙들고 늘어지는 의지와 실천'을 말합니다. 우리는 오직 그 안에서만 경험할 수 있는 무언가를 찾아야 하지요.

애도 역시 마찬가지입니다. 애도는 결국 내면의 깊은 곳을 경험하는 일입니다. 해결되지 않는 슬픔을 끝까지 파고들어가 그것을 극복하기 위함이지요. 내 안의 나를 소외시키지 않기 위해서, 소외된 누군가를 위해서, 자꾸만 내 안에서 반복되는 증상을 해결하기 위해서 애도는 매일 일어나야 합니다.

술에 취하면 물건을 자꾸 잃어버려 쓰라린 마음을 반복하는 작은 일부터 사랑하는 사람으로부터 상처받아 너덜너덜해진 마음을 치유하는 일, 슬픔의 연대를 보여 주는 사회적 애도까지 매일 우리에게 애도의 순간들은 찾아옵니다. 아프다고 그냥 넘길 것이 아니라 진짜 나를 찾아서, 진짜 내가 애도할 것을 찾아서 탐색하는 과정이 필요하지요. 그러다 어느 순간 애도는 우리를 고통으로부터 무디게 만들어 줄 것입니다. 그렇기에 날마다 잃고, 날마다 애도하라고 말하고 싶습니다.

어쩌면 '애도'는 우리가 할 수 있는 가장 아름다운 '말'인 것 같습니다. 이 책을 고통받는 분들께, 가장 아름다운 말이 필요한 분들께 드립니다.

정신분석가
박우란

1장
슬픔이 나를 집어삼킬 때
애도의 이유

2장
나도 몰랐던 내 안의 상실
애도의 발견

3장
상실을 극복하는 방법
애도의 실천

4장
더 이상 아프지 않다

애도 이후

1장

슬픔이 나를 집어삼킬 때

m o u r n i n g

애도의 이유

애도하지 않은 것은
반드시 돌아온다

"잃어버렸다고 생각했던 기억과 감정이 유의미한 이유는
증상이 발현되며 경험하는 몸의 상태입니다.
갑자기 숨이 멎을 듯하고, 밥을 먹다가도
목에 걸려 죽지 않을까 하는 공포가 밀려오기도 하지요."

혜연 씨는 매우 조심스럽고 차분한 모습으로 분석실에 발을 들였습니다. 소파에 앉아 잠시 기다리다가 제가 상담실 안으로 따뜻한 차를 가져오자, 자리에서 바로 일어났지요. 긴장한 듯 예의 반듯한 모습이었습니다.

저는 분위기를 조금 편안하게 풀기 위해 가벼운 농담을 하며 혜연 씨와 대화를 이어 갔습니다.

30대 혜연 씨는 평범한 직장에 다니면서 건강이나 일신상의 문제 없이 무난한 하루를 보냈습니다. 가족들과도 평범한 관계였습니다. 지방에 계신 부모님과 떨어져 남동생과 독립하여 함께 지냈는데, 남동생은 곧 결혼을 앞두고 있었지요.

그전에는 어머니, 아버지와 꽤 오랫동안 함께 살았지만, 소통은 거의 없는 상태로 생활했다고 합니다. 그렇다고 혜연 씨와 부모님과의 관계가 아주 나쁘거나 극단적이지도 않았습니다.

혜연 씨는 판에 박힌 듯한 회사생활이 지겹고 지루한 듯 보였습니다. 연애를 하지 않은 기간도 상당히 길었지요. 그래도 퇴근한 뒤에는 운동을 하며 건강을 챙기면서 자기 관리도 꼼꼼히 하고 있었습니다.

그럼에도 혜연 씨는 일상생활 속에서 살아 있다는 느낌을 받지 못했다고 했습니다. 때때로 불안이 올라오면 걷잡을 수 없이 죽을 것 같은 공포를 느꼈습니다. 이러한 문제로 저를 찾아왔지요.

혜연 씨는 '삶의 무료함 때문에 죽을 듯한 공포가 생겼나?' 하는 의구심도 들었다고 했습니다.

하지만 크게 사건 사고가 없었는데, 혜연 씨는 왜 더 이상

일상을 견디기가 어려웠을까요? 저는 이 시점의 혜연 씨 나이
와 관련된 숫자에 주목하게 되었지요.

평범한 삶에서
끄집어낸 폭풍

혜연 씨는 서른다섯 살입니다. 지금 혜연 씨 어머니가 서른
다섯 살 때, 혜연 씨는 여덟 살이었습니다.

저는 이렇게 물었습니다.

"여덟 살 때 기억나는 사건이 있나요?"

줄곧 평온하고 평이하게 이야기하던 혜연 씨는 갑작스럽게
울음을 터트렸습니다. 스스로도 매우 당황스러워할 정도였
지요.

혜연 씨는 겨우 울음을 멈추고 말했습니다.

"그때, 아버지가 집을 나가셨어요."

어머니와 갈등이 증폭되면서 아버지가 견디다 못해 집을 나갔다고 했습니다. 혜연 씨는 그때 아버지가 짐을 챙겨 떠나며 혜연 씨를 향해 슬프게 손을 흔들던 모습이 떠오른다고 했습니다.

혜연 씨는 왜 그 기억이 나는지도 모르겠다고 했습니다. 아버지가 떠났다는 사실이 자신에게 슬픈 기억도 아니었는데 왜 그 기억이 떠오르면서 눈물이 쏟아지는지, 도무지 이해가 안 된다고 말했습니다. 혜연 씨 안의 여덟 살 아이를 호명하자마자, 그때 기억이 바로 올라온 것입니다. 그러고는 아무런 흔들림 없던 혜연 씨를 매우 흔들어 놓았지요.

저와 혜연 씨가 처음 만났던 날이었음에도, 이야기는 급속히 진행하며 흘렀습니다. 저 역시 그 순간 깊이 빨려 들어가는 느낌을 받았습니다.

혜연 씨 아버지는 몇 개월 뒤에 집으로 다시 돌아왔다고 합니다. 하지만 혜연 씨는 아버지가 등을 보이며 떠난 뒤로 아버지를 향한 마음을 닫았다고 했습니다.

'아빠는 또 언제든 떠날지도 모르는 사람이구나, 나에게 등을 보이며 그냥 사라지는 사람이구나.'

이런 생각은 어린 혜연 씨를 사로잡았던 하나의 기표가 되었습니다. 아버지는 돌아왔지만, 혜연 씨는 그 뒤로 한 번도 아버지에게 진심 어린 곁을 내어 주지 않고 살았다고 합니다. 어린 여자아이가 그 거리와 간극을 지키며 살아 낸 일만 해도 몹시 고단하고 힘들었겠지요.

아이들은 삐지고 토라지다가도 다시 부모에게 가서 엉키는 일이 태반인데, 어린 여자아이는 왜 그토록 꼿꼿하게 아버지가 자신을 배신했다고 생각하며 용서하지 않았을까요?

그 배신에는 다시 아빠에게 돌아가기 두려울 만큼의 아빠에 대한 기대와 애착이 먼저 존재했겠지요. 실제 아버지는 결코 딸을 완전히 떠나지 않았지만 혜연 씨 머릿속에 기표로 남은 아버지 또는 남성은 언제든 등을 보이며 떠날 수 있는 사람이었던 것입니다.

무엇이 문제인지조차 모르게 깊숙이 박힌 것

혜연 씨는 늘 연애를 어려워했습니다. 연애를 많이 하지는 않았지만 사귀었던 남자친구들은 마지막에는 혜연 씨에게

"지친다"라는 말을 남기고 떠났다고 합니다. 남자들이 혜연 씨에게 지쳤던 이유는 열리지 않는 혜연 씨 마음의 문을 두드리는 일이었던 것 같습니다.

혜연 씨는 자신이 단단한 벽을 쌓고 사람을 밀어내는 것조차 인식하지 못했습니다. 그렇기에 남자친구들의 고통을 전혀 이해하지 못 했지요.

혜연 씨에게 아버지는 하나의 사건이라는 외상이 될 수도, 그저 지나가는 사건이 될 수도 있습니다. 아버지가 떠났던 어린 시절의 충격이 성인이 된 시점에 공황 증상으로 올라왔다고 끼워 맞출 수는 없습니다. 다만, 공황이라는 증상으로 혜연 씨에게 어떤 말을 건다는 점은 중요하지요.

잃어버렸다고 생각했던 기억과 감정이 유의미한 이유는 증상이 발현되며 경험하는 몸의 상태입니다. 갑자기 숨이 멎을 듯하고, 밥을 먹다가도 목에 걸려 죽지 않을까 하는 공포가 밀려오기도 하지요. 실제 혜연 씨는 이러한 상태를 느꼈다고 합니다. 이러한 공포와 숨 멎음 뒤에는 자신이 혼자였다는 사실, 어떤 일이 일어나도 아무도 나를 도와줄 사람이 없다는 '생각'이 혜연 씨를 압도하고 있었습니다.

생각이 한번 시작되면 꼬리에 꼬리를 물고, 그 꼬리를 잇는 생각에 강력한 에너지가 달라붙어 증폭됩니다. 증폭된 에너지에 압도되면 옴짝달싹하기 힘들어지지요.

혜연 씨에게 혼자가 될지도 모른다는 사실이 증상을 일으킬 만큼 공포스러운 이유는 아버지와의 이별 장면 때문만은 아닙니다. 그 사건은 하나의 트리거가 된 외상적 기억이기는 하지만, 더 깊은 차원에서 혜연 씨는 '아버지와 자신을 동일시' 했기 때문입니다.

혜연 씨 아버지는 고아로 어린 시절을 보냈습니다. 어머니를 만나 일찍 가정을 이루었지만 순탄치만은 않았지요. 어머니와 아버지는 지금까지 함께 지내지만 아버지는 여전히 심리적 고립 상태에 있었습니다.

혜연 씨와 이야기를 나누며 어머니보다 아버지와의 정신적 동일시가 강력하다는 사실이 드러났지요. 그랬기에 혜연 씨에게 아버지가 떠나는 모습은 더욱 충격적으로 다가왔겠지요. 아버지와의 동일시는 스스로는 전혀 인식하지 못했을 수 있습니다. 아버지 또한 자신의 무의식에 '혼자'라는 사실이 공포스럽다는 사실을 몰랐을 것입니다.

혜연 씨 아버지가 혼자였다는 사실은 상상적 두려움이거나 심리적인 것이 아니라 실재였기 때문이지요. 그것을 억압하고 방어하며 아버지 자신은 잘 지내왔으나, 정작 심리적 밀착 관계에 있던 혜연 씨가 아버지의 고아로서 정서적 상태를 그대로 이어받아, 그것이 마치 자신에게 벌어진 일인 듯 경험한 것입니다. 분석가가 보기에 그 사건이 일어났던 기점을 중심으로 증상이 터져 나온 듯했지요.

증상 역시
대물림된다

혜연 씨는 오랫동안 그 증상으로부터 떨어져 나오지 못해 고통을 겪었습니다. 증상이 혜연 씨를 놓아 주지 않는 것인지, 혜연 씨가 증상을 붙들고 있는지 모호한 채로 말입니다. 혜연 씨의 리비도(프로이트가 만든 정신분석학 용어로 성본능·성충동을 의미), 즉 혜연 씨 안에 응축된 에너지는 온통 자신에게 몰려 있었습니다.

자신을 향한 사유를 이어 나가며 파괴적이고 극단적인 상상과 생각에 스스로도 통제할 수 없을 만큼 빨려 들어갔지요.

그 집중된 리비도를 완화시키고 리비도가 취했던 극단적 상상으로 얻은 만족을 포기하기란 쉽지 않은 일입니다.

그런데도 혜연 씨는 자신의 상태를 끝없이 반복적으로 다시 이야기하고 복기하며 조금씩 사유에 매몰된 충동적 에너지를 의식화했습니다. 무엇보다 자신이 양도받은 '고아'라는 아버지의 정체성과, 실제 자신의 주변에 있는 가족과의 유대를 자각하고 분리해 나갔습니다.

아버지 스스로 책임지지 못한 상처와 정서적 정체성에 대한 애도가 혜연 씨 삶의 한복판에서 일어나고 있었습니다. 그것은 아버지가 원해서도 혜연 씨 스스로가 원해서도 일어나는 현상이 아니었지요. 가족이라는 애착과 인접성 안에서 일어나는 필연이었습니다.

혜연 씨는 자신이 겪는 고통과 불안, 사유로의 매몰이라는 증상을 지치지 않고 버티며 '말하기'를 멈추지 않았습니다. 그러다 어느 날부터인가 다른 이야기를 하기 시작했습니다. 리비도의 집중이 다른 곳으로 향한다는 뜻이었지요.

증상에서 얻는 무의식의 먹잇감이 더 이상 맛있지 않은 순간이 도래했다는 의미였습니다. 혜연 씨는 조금씩 다른 이야기를 자신도 모르게 하면서, 그토록 떼어 내고 싶었던 증상 역시 옅어져 갔습니다. 혜연 씨는 그조차 자각하지 못했지만 말이지요.

애도의 기술

나를 위해
책임을 다하는 것

"애도는 실천이고 책임입니다. 내가 나를 소외시켰던
삶의 부분들을 자각하고, 내 삶을 책임지면서 누락시켰던
나의 일상을 회복하는 일 역시 애도에 포함됩니다."

어떤 사람들은 말합니다.

"사소한 마음의 상처를 돌아보는 것도 애도인가요?"

많은 사람들이 애도에 대해서 인상적인 이해, 즉 피상적으
로나 사회적으로 학습된 관념으로 이해하고 많은 부분을 오
해하는 듯합니다. 애도를 감정의 차원에서 다독이는 행위, 과

거의 아픈 기억들을 소환해 위로하고 그 의미를 알아주는 마음으로만 이해하면 곤란합니다. 애도는 여러 층위의 실천적인 의미들이 포함되기 때문이지요.

무엇이
애도일까

우리 삶을 분절하여 살펴보거나 우리의 감정과 행위의 반복을 살펴보면 쉬지 않고 애도하는 모습을 발견할 수 있습니다. 끝없이 과거의 행동 패턴이나 관계의 갈등과 고통을 반복하는 것도 애도이고, 무엇을 하는지 알지 못한 채 무의식적으로 반복하는 행위 역시 애도입니다. 무의식적 애도이면서 복수의 차원도 애도에 포함합니다.

정신분석은 이런 무의식적 차원에서 일어나는 복수로서의 애도를 의식하고, 의식의 차원에서 애도로 상징화합니다. 과거에 누락되었거나 억압되었던 감정에 다시 접촉하고, 그것의 의미를 밝히는 것은 정서적 애도로서는 충분한 의미가 있습니다.

현대에 유행하는 심리 접근은 우리가 느끼는 '감정'에 주로 초점이 맞추어져 있지요. 일상이나 사건 속에서 경험하거나 압도되는 우리의 감정은 매우 중요한 기표임에는 틀림없습니다. 하지만 내가 느끼는 감정 자체에 과도하게 집중하고 비중을 두면 자칫 스스로를, 타인을 폭력적인 상황으로 몰아넣기 쉽습니다.

감정은 틀림이 없고 감정에는 그 어떤 옳고 그름의 잣대도 유의미하지 않습니다. 그 이유는 감정을 불러일으키는 충동과 욕망들은 우리가 인지하고 느끼는 그대로가 아니기 때문입니다.

그런 의미에서 애도는 내가 어떤 감정을 반복적으로 느낄 때, 그 감정을 충분히 풀어 주거나 해소하는 것에 그치지 않습니다. 자칫 또 다른 감정 풀이의 반복이 되지요. 마치 배설물을 가득 채우고 비우는 쾌감의 중독으로 변질될 수도 있습니다. 어떤 감정에서 무의식적으로 얻는 만족이 무엇인지, 이득이 무엇인지까지 들어가야 합니다.

또 한 가지 차원에서 애도는 실천이고 책임입니다. 내가 나를 소외시켰던 삶의 부분들을 자각하고, 내 삶을 책임지면서 누락시켰던 나의 일상을 회복하는 일 역시 애도에 포함됩니다. 우리는 누군가를 짊어지면서 정작 자신에 대한 책임은 여러 헌신과 아름다운 의미의 포장지 뒤로 배제시키니까요.

 나에 대한 실천적인 책임을 지지 않고 온통 타자를 위해 헌신하는 삶도, 타자를 소외시키기는 마찬가지입니다. 정말 그들이 가진 욕구를 읽으려고 노력하고, 그들이 무엇을 말하려는지 들으려고 고민하지 않습니다. 그보다는 나를 지배한 인상과 이미지 안에서 노력합니다. 내가 좋다고 생각하고 필요하다고 생각하는 헌신만 하기 바쁘지요.

 정작 그들이 무엇을 원하는지 고민하는 데 에너지를 할애하고, 그들의 말을 진정으로 듣기 위해 멈추고 집중하지 않습니다. 그 일은 매우 거추장스럽고 지난하기 짝이 없기 때문이지요. 만족스러운 답이나 결과물 또한 금세 얻을 수 없기에, 그쪽으로 에너지를 할애하려고 하지 않습니다. 그나마 타인을 읽으려는 노력은 좀 더 수월하게 하려는 사람들도 있지만, 정작 자신에 대해서는 잘 모릅니다. 자신을 위해 명료하지 않고 답도 없는 물음과 탐색을 이어 나가기를 어려워합니다. 그것을 고통스러워하는 사람도 많습니다.

애도는 나에 대한
책임

우리 스스로에 대한 책임은 그 고통을 회피하지 않고 끝까지 대면하는 것에 있습니다. 회피하는 사람들은 이렇게 말하지요.

"그때는 어쩔 수 없었어."
"내가 몰라서 그랬어."
"아이들을 위해 어쩔 수 없었어."
"가정을 지키기 위한 유일한 선택이었어."

모든 사회에서 도덕적이고 거창한 가치의 윤리는 다 내다 버려도 하나는 반드시 놓지 말아야 합니다. 우리가 인간으로 살아남기 위해 마지막까지 붙들어야 할 윤리가 있다면, 단 한 가지뿐이라고 말하고 싶습니다. 바로, 나 스스로를 위한 책임입니다.

애도는 지극히 합당하고도 분명한 명분들로 스스로를 설득하고 설득당하지 않는 행위입니다. 저 역시 애도를 위한 지난한 분석 작업을 지치지 않고 매번 새롭게 갱신할 수 있는 이유는 끝까지 최선을 다하는 사람들 때문입니다. 그들은 아무리 발버둥쳐도 벗어날 수 없는 고통의 늪에서 결코 도망가거나 회피하지 않지요. 스스로에 대한 해답과 길을 만들기 위해 몸부림치는 사람들 덕분입니다.

고통을 직면하고 고통 자체를 이해하고 받아들이는 사람들, 고통을 넘어서려고 죽을 힘을 다하는 사람들 앞에서 존경심이 절로 듭니다. 그들의 처절한 삶의 현장 언저리에 함께 있음에 언제나 숙연해집니다.

복수로서의
애도

"저는 조용히 제 수도원 베일을 태웠습니다.
아름다웠던 수도원 생활과 더불어 내적 혼란과 방황의 정점을 찍은
순간을 홀로 애도하기 위함이었습니다."

저는 초등학교 3학년 때부터 "수녀님이 되고 싶어요"라고
말하기 시작한 것 같습니다. 저의 첫 장래 희망이자 꿈이었지
요. 그리고 20대 초반, 그 꿈을 이루었습니다. 인생에서 가장
뜨거운 20대를 수녀로서 보냈습니다.

수도원에서 지낸 처음 3~4년은 온통 즐거움, 기쁨, 설렘이
넘쳤습니다. 공동체 생활에서 오는 갈등과 마찰의 고통 역시
가득했던 시간이었지요. 돌이켜 보니 제 인생에 가장 빛났던

시간들이기도 했습니다.

제가 의식적으로 기억하는 지극히 많은 감정과 상태, 아주 어린 시절부터 온전히 내가 꿈꾸었다고 생각한 길이었음에도 무의식은 무언가를 알고 있었던 모양입니다. 결국 수녀가 되고 싶다는 욕망은 타자의 욕망이고, 강렬한 욕망일수록 그 속에서 내가 소외된다는 사실을 말이지요. 사실, 수도원에 들어가려는 저의 욕망은 아버지로부터 비롯되었으니까요.

실제로 제가 수녀원을 들어간 것은 아버지와 관련이 매우 깊습니다. 아버지는 본인 스스로가 절망한 세상에서 수도원을 향한 갈망을 일생 품어 왔습니다. 불우하고 불행했던 성장 과정과 근본적인 상실감에 시달리던 그는 언제나 세상으로부터의 완전한 보호와 고립 속에서 정제된 삶을 살아가는 수도원이라는 곳을 염원했지요.

ㅡ《남편을 버려야 내가 산다》 중에서

그러다 수도원에서 남편을 만나고 환속했습니다. 환속 후 결혼하고 바로 딸아이를 가졌지요. 배가 만삭으로 불러 오던 어느 날, 성당 제단 앞에 앉아 수도원에서 하듯이 기도를 올렸습니다.

'당신이 준 이 소중한 아이를 당신께 봉헌하겠습니다.'

종교적 관점에서는 이러한 고백은 축복이고 거룩함입니다.
신이 허락하신 아이니 신의 제단에 봉헌하겠다는 말은 종교
적 의미로 아주 큰 축복과 순종의 의미이지요. 진짜 아이를
바친다는 뜻이 아니라, 아이에 대한 권력과 주도권을 신에게
바치는, 종교인으로서는 아름다운 상징적인 행위의 순간입니
다. 그러면 신께서 이 아이를 축복 속에서 잘 성장하도록 이
끌어 주신다는 신앙의 행위이기도 합니다. 그런 감사함으로
아이를 품었습니다.

　몇 달 뒤, 아이를 낳았습니다. 그런데 아이를 낳고 삼일 밤
낮으로 아이만 보면 눈물이 폭풍처럼 쏟아졌습니다. 그럴 이
유가 없음에도 내 아이가 왜 그토록 가엽고 불쌍하게 느껴졌
는지, 도무지 납득할 수 없는 감정에 휩싸여 울고 또 울었습
니다. 멀쩡하게 잘 태어난 아이가 가여워서 가슴이 하염없이
무너져 내렸습니다. 그때는 흔히 말하는 '산후 우울증'으로 생
각하며 넘겼습니다.

출산은 여성에게 여러 호르몬과 신체적 변화를 일으키니, 그 변화에 적응하며 겪은 '짧은 산후 우울증이었구나'라고 생각했지요. 많은 정보에 노출된 만큼 많은 정보에 학습되었으니까요. 제가 정신분석을 본격적으로 공부하고 모든 것이 새롭게 뒤집어지기 전까지는 말입니다.

아이를 낳고 하염없이 울었던 이유

저희 부부는 아이를 시골에서 생활하는 시어른들 댁으로 보냈습니다. 아이는 초등학교를 입학하고 1학년부터 3학년까지 그곳에서 생활했지요. 표면적으로는 가계가 어려웠고 아이가 시골 학교에서 저학년을 보내는 편이 정서적으로도 더 좋다고 합리화했지요. 제 스스로를 그럴 듯하게 속여 넘긴 시간들입니다. 그때 저는 공부하고 일을 했으니까요.

그렇게 개인 분석과 정신분석 수련이 한창이던 어느 날, 제 꿈에 커다란 유리 원형 속에 시아버님과 제가 나왔습니다. 그 유리 원형 안에는 독가스가 가득했습니다. 꿈속에서 저는 아주 가느다란 호스에 산소를 공급받아 시아버님을 먼저 연결해 드리고 빨리 내보냈습니다. 그 뒤로 '나도 그 산소를 마시고 탈출해야겠다'라고 생각하며 깨어났습니다.

그때는 남편 또한 수도원에서 성직자 서품을 앞두고 나온 터라 시댁과의 관계가 그리 좋은 편이 아니었습니다. 그리고 꿈이긴 했지만 시아버님이 아니라 제가 먼저 산소를 마시겠다는 욕구를 보여야 더 자연스러운데, 시아버님께 산소를 먼저 연결한 점이 꽤 의아했지요.

제 개인 분석 과정에서 꿈속 시아버님의 표상은 제 딸아이 입체 초음파 사진과 붕어빵처럼 닮았다는 점이 드러났습니다. 꿈속에서 시아버님은 실제 시아버지가 아니라 제 딸아이였던 셈이지요.

꿈은 그렇게 어떤 대상을 직접적으로 그리기보다 압축되거나 전치된 표상, 상징화된 모습으로 드러납니다.

꿈 분석 선생님께서는 제 꿈을 분석하는 과정에서 이렇게 물었습니다.

"박 선생님, 혹시 딸아이를 수도원에 보내고 싶은 마음이 있으셨습니까?"

저는 그 순간 말문이 턱 막혔습니다. 그러고는 주마등처럼 많은 시간이 떠올랐고, 퍼즐을 맞추듯 의문들이 순간에 꿰어 맞춰졌습니다. 온몸으로 수긍하고 인정하고 있었습니다. 아이를 제단에 봉헌하겠다고 기도했던 순간과 그 아이를 출산하고 목 놓아 울던 장면이 겹쳐졌습니다.

또 하나의 증거는 환속 후에도 베일을 버리지 못했다는 점이었습니다. 수도복은 수도원으로 돌려보냈지만 수도복 베일만은 보관하고 싶었습니다. 마치 《선녀와 나무꾼》 이야기에서 선녀가 감춰둔 날개옷처럼, 저에게 날개옷은 수도복 베일이었던 것 같습니다. 수도복 베일을 간직할 때는 '나중에 아이가 태어나면 "엄마는 이런 삶을 살았단다"라고 이야기해 주며 베일을 물려주어야지, 얼마나 정서적이고 아름다운 일이야'라고 저를 속였지요.

하지만 그 이면의 제 무의식 욕망은 달랐습니다. 아이를 제단에 바쳐진 제물이라고 여겼던 모양입니다. 제 아버지가 염원했던 수도자에 대한 갈망이 저에게 이어졌듯, 끝까지 채우지 못한 채 끝나 버린 융화된 제 욕망을 아이에게 물려주고 싶었던 것입니다. 그 마음을 무의식적으로는 알아차렸던 것일까요? 그래서 그렇게 아이를 출산한 뒤에 저는 한없이 슬픔의 눈물을 흘렸나 봅니다.

제 아버지처럼 제 아이를 수도원으로 보내고자 했던 제 무의식적 욕망을 인정하고 수긍하는 순간이었습니다. 복수로서의 저에 대한 애도를 직면하는 순간이지요.

나도 모르게 쫓아갔던 욕망

개인 분석을 집중적으로 받으면서 무의식의 차원에서는, 그누구도 아닌 제가 제 아이에게 가장 위협적이고 위험한 존재였다는 사실을 알게 되었습니다. 꿈속에서 제가 아이를 유리돔 속에서 탈출시키려고 했던 시도, 아이를 저와 떨어진 시어른들 손에 맡긴 것이 저로부터 아이를 보호하려던 것이었습니다. 그러한 통찰에 분석실을 나오며 다리가 풀렸고, 계단에 쓰러지듯 엎드려 오열했던 기억이 납니다.

'내가 그랬구나, 내가 그랬구나…… 내 아이에게 내가 가장 위험한 존재였구나…….'

미처 달성하지 못한 제 부모의 욕망을 아이에게 물려주고, 가장 소중한 존재에게 똑같은 복수를 하며 저를 애도하고자 했던 저의 욕망이었습니다. 꿈에서는 그 욕망으로부터 아이를 구하고 싶었던 모성이 공존하며 충돌을 일으켰던 것입니다. 제 존재를 온통 휘감던 깨달음이었습니다.

저는 당시에 무의식적 욕망과 쾌락, 복수와 애도를 통찰하고 깨달으며 놀랍게도 가벼워졌습니다. 죄책감이 들기보다 '그랬구나, 내가 정말 그랬구나……'라며 알아차린 일만으로 자유로움과 가벼움을 느꼈습니다.

제가 얼마나 사악하고 위험한 모성적 욕망을 가졌는지 인정하는 것만으로도 두려움을 떨칠 수 있었습니다. 두려움도 슬픔도 아닌 헛웃음이 나왔지요.

무수한 고통의 시간을 지나온 것에 대해 누구를 향한 원망이나 죄책감이 들지 않았습니다. 그저 하염없이 하늘을 올려다볼 뿐이었습니다. 제가 유난히 사악해서도 제가 유난히 모성이 강해서도 아닌, '인간이 그렇구나'라는 사실을 이해하고 받아들이게 된 계기였습니다.

그 뒤로는 어떤 욕망과 사악한 무의식의 현상을 보아도 놀랍기보다 "우리 누구든 그럴 수 있습니다"라고 받아들이게 되었지요.

이 사건을 계기로 저는 조용히 제 수도원 베일을 태웠습니다. 아름다웠던 수도원 생활과 더불어 내적 혼란과 방황의 정점을 찍은 순간을 홀로 애도하기 위함이었습니다. 그렇게 스스로를 마음껏 애도하고, 누구에 의한 희생이나 바쳐진 것이 아닌 온전히 제 것으로서의 수도원 생활 10년을 정리했습니다. 이러한 애도를 거치며 저는 비로소 저만의 또 다른 수도 생활을 이어가게 되었지요.

잃어버린 대상,
나에게 되돌아오다

"신랄하게 자신을 비난하고 비하하고 공격하는 사람이
실은 자신이 아니라 자신과 동일시된 어머니였지요.
그러나 이미 재훈 씨 안에서 어머니라는 대상은 사라지고 없습니다."

분석의 과정에서 자신의 서사를 직접 글로 써 보는 작업을
하기도 합니다. 이 글은 변호사로 일하는 재훈 씨의 이야기입
니다.

눈을 뜰 때마다 눈이 떠지지 않았으면 하는 간절한 바
람이 지속되는 날이 이어졌습니다. 아침마다 살아 있는
육신을 이끌고 직장에 나가 멀쩡하게 사람들을 대해야

한다는 사실, 나를 찾아오는 고객들을 맞이해야 한다는 사실 자체가 고통이었습니다. 그 고객이 나보다 더한 고통을 겪고 소송에 시달리는 절박한 사람들이란 사실에 스스로가 견딜 수 없이 환멸스러웠습니다.

저는 겉으로 보기에는 번듯하고 잘 나가는 로펌의 변호사니까요. 고객들이 저를 만나 이 소송이 해결되면 자신들의 고통에서 해방되어 안정을 찾으리라는 기대에 찬 모습을 볼 때 그들을 기만하는 느낌마저 들었습니다. 저는 기만과 충실의 간극 사이에서 혼란스러운 하루하루를 보내고 있었습니다.

재훈 씨는 할아버지 때부터 법조계에 종사한 법조인의 집안에서 성장했습니다. 세상 사람들이 모두 선망하고 부러워할 만한 지위와 재력을 갖춰서 남부럽지 않은 환경에서 자랐지요. 명문 법대를 진학하고 변호사가 되어 좋은 로펌에 들어갈 때까지도 재훈 씨는 다른 생각, 다른 곳을 돌아볼 여지가 없었습니다. 오직 앞만 보고 가족들에게 부끄럽지 않은 자신이 되기 위해 혼신의 힘을 다해 살아냈습니다.

로펌에 들어와서도 로펌 내의 권력 구조와 체계에 철저하게 순응하며 자리를 잡아갔습니다. 하지만 그런 승승장구에도 늘 재훈 씨 마음 한 켠에는 부적절한 느낌이 자리하고 있었습니다.

재훈 씨를 만나 이야기를 들으면서 제일 인상적인 부분은 그는 자신에 대한 비하, 비관적인 표현들로 일관된 발화를 이어 갔다는 점입니다. 성공한 듯 보이는데, 왜 스스로를 괴롭히는지 도무지 납득할 수 없었지요. 무엇 하나 부러울 리 없이 다 가진 듯 보이는 남자지만 온통 자기 비난과 자기 비하에 휩싸여 있었습니다.

혹자는 그것을 대단한 집안에서 자라 상대적으로 열등감이 생겨서 문제일 수 있다고 오판할 여지도 많아 보입니다. 마치 모든 가족 구성원이 전교 1등을 했는데 자신만 전교 2등을 했다면 실패자처럼 느껴지는 그런 현상 말이지요. 하지만 이것은 자존감의 문제가 아니었습니다. 재훈 씨에게는 상대적 현상이 아닌, 철저히 무의식적 차원에서 일어나는 분노와 원망 그리고 상실 때문이었습니다.

재훈 씨는 분석실에서 말하기 시작하면 무언가에 사로잡힌 듯 신랄함과 공격적 표현을 했습니다. 자신이 얼마나 무가치하고 살 이유가 없는 사람인지, 얼마나 끔찍하고 혐오스러운 사람인지, 누구도 자신을 제대로 알면 인간 대접하기 힘들 것이라고 쏟아 냈습니다.

도대체 재훈 씨를 이토록 고통스럽게 사로잡고 흔드는 정체가 무엇이었을까요? 저는 당시에 그저 물을 빨아들이는 스펀지처럼, 침묵하며 듣는 것 말고는 할 수 있는 일이 없었습니다. 그의 발화를 끊는 일은 부당하다는 생각마저 들게 했으니까요.

무엇이 그를 고통스럽게 했을까

재훈 씨는 차남으로 자라났습니다. 자라는 동안 부모로부터 한순간도 편안한 수용을 받은 기억이 없었습니다. 대신 말이 없고 존재감이 없던 아버지, 엄격한 채찍으로 자신을 몰아세웠던 어머니에 대한 강렬한 기억이 많았습니다. 형과 비교하며 경쟁을 부추기고 기대치에 어긋날 땐 여지없이 날아오는 폭언과 폭력을 당했습니다. 재훈 씨는 어머니와 마찰을 겪었던 형과는 달리, 어머니가 무섭게 개입하기 전에 무엇이든 알아서 척척 해내는 아이였습니다.

그럼에도 어머니는 늘 불안과 불만에 시달리는 모습으로 쉬지 않고, 자식으로서 해야 할 의무 등을 쏟아냈습니다. 아들이 잘하는 것은 기본 값이고 잘못하면 마치 쓰레기가 된 듯한 느낌을 주었습니다. 재훈 씨는 언제나 가르침을 주는 엄마가 없으면 사람 구실도 제대로 하지 못하는 아들이 되어 있었습니다.

학교에서도 집에서도 재훈 씨는 늘 긴장과 각성 상태를 유지하며 살았습니다. 재훈 씨는 성적을 잘 받고 뛰어난 학생이었지만, 늘 자신이 부족하고 못난 인간이라는 느낌을 갖고 살았습니다. 주변에서 함께 공부하고 성취를 이루어 나가는 동기, 동료들도 매 순간 힘들어하는 재훈 씨를 이해하지 못했습니다.

로펌 생활을 시작했을 때도 모두가 자신을 공격한다는 느낌, 무시한다는 느낌에 시달리며 관계에서 어려움을 겪었습니다. 타인의 요청이나 강압에도, 거절하거나 도전하지 못했습니다. 그러한 자신의 상태에 더 좌절하며 스스로를 경멸했습니다.

몇 차례 아무도 모르게 상담실을 찾아가 상담을 받았지만 전문가들조차 부족할 것 없이 유복한 재훈 씨가 현재를 제대로 받아들이지 못하고 위축되었다고 했습니다. 그저 재훈 씨가 가진 것을 명료하게 인지하고 누리라는 조언들이 대부분이었지요. 어머니나 집안 분위기에서 오는 상처와 고통에는 위로와 격려를 아끼지 않았으며, 누구보다 뛰어난 자신에게 감사하고 즐거워하라는 말을 했지요.

재훈 씨는 별 효용 없는 상담에 그냥저냥 살다가 죽어 버리면 좋겠다고 생각했다고 합니다. 그전에 한 번은 더 방법을 찾아보려고 저를 찾아온 것입니다.

재훈 씨는 자신의 대한 이야기를 꺼내 놓을 때에도 자신이 얼마나 비합리적인 고통을 겪는지 말했습니다. 남들 눈에는 호강에 겨운 이야기라지만 그럼에도 고통스러우며 언제까지 이런 감정에서 벗어날 수 있을지 모르겠다고 말했습니다.

재훈 씨 어머니는 집에서 주선한 재훈 씨 아버지와 결혼을 했습니다. 하지만 어머니는 심한 외모 콤플렉스가 있었고, 남편과의 관계가 원만치 못했습니다. 친정의 재력에 기대어 남편이 자신을 버리지 않을 뿐이지, 남편은 인간적으로 무가치하고 쓸모없는 존재라고 생각했습니다. 그러한 이야기를 아이들 앞에서 쏟아 내기도 했습니다. 아버지는 바깥일을 하며 집안에서 점점 유령과 같은 존재가 되었고, 아내와 멀어진 간극 만큼 자식들과의 소통도 전무했습니다.

어머니는 여성으로서 느꼈던 무력감과 분노를 아버지를 무시하는 언어로 가득 채웠습니다. 그러고는 아들들이 아버지로 향할 수 있는 모든 통로를 차단했습니다. 아들들을 오직 자신의 감정과 쏟아지는 언어 안으로 가두어 놓았습니다. 그것으로부터 조금이라도 '이탈'하려는 느낌이 들 때는 마치 정신줄을 놓은 사람처럼 광분했습니다. 감정적 폭력과 신체적 폭력까지 서슴지 않았습니다.

재훈 씨 형은 대학에 들어가자마자 집을 떠났고, 아버지는 이미 10여 년 전에 퇴직하고 귀촌해 자신만의 삶을 살고 있었습니다. 재훈 씨만 사무실 근처에서 혼자 생활하며 어머니와 소통하는 상태였지요.

저는 재훈 씨에게 아직도 집에서 나오지 못한 것 같다고 이야기했습니다. 재훈 씨는 제 말에 이미 가족과 다 분리되어 살고, 더 이상 어머니가 자신에게 직접적인 영향을 주지 않는데도 무슨 연관이냐고 반문했습니다. 그보다는 타고난 불능의 성격이 문제가 아니겠냐고 물었지요. 재훈 씨는 어떤 상태든 어떤 상황이든 행복을 못 느낀다고 했습니다. 무엇보다 자신은 그럴 자격이 없다고 말했습니다.

저는 재훈 씨가 자신에 대해 신랄하게 이야기하는 순간에는 마치 어머니의 목소리에 점령당해 이야기하는 듯이 보였습니다. 재훈 씨가 어머니라는 일차적 대상과 동일시가 일어났다고 봤지요.

저는 이렇게 물었습니다.

"재훈 씨가 어른 남자라고 느껴지세요? 제 눈에는 두려움에 압도된 어린 남자아이가 보이는데요."

아들인 재훈 씨는 아직도 어머니에게 포획된 두려움 때문에 어떤 자리에서 옴짝달싹할 수 없는 듯 보였습니다.

저의 말에 재훈 씨는 침묵했습니다. 이성적으로도 어머니는 이제 나이 들어 약자이고, 자신은 장성한 성인 남성인데 어머니를 두려워한다는 것이 납득이 안 된다는 표정을 지었습니다.

"납득은 잘 가지 않지만, 선생님의 말이 맞다면, 도대체 어떻게 해야 하나요? 어린 남자아이에게서 벗어나려면요?"

"어떤 상태에서 벗어나려고 노력하기 전에 자신이 무엇에 사로잡혀 있는지, 그 사로잡힘이 무엇인지 알아야 해요. 그리고 그것을 애도해야 해요."

동일시한 대상을 향한 증오

프로이트는 이렇게 말했습니다.

우리는 주저 없이 대상 리비도 투자가 나르시시즘적 성향이 강한 리비도 발달 단계의 구강기로 퇴행하는 것을 멜랑꼴리의 주요 특징에 포함시키게 될 것이다.

동일시는 흔히 사랑의 대상에게 나타나는 현상입니다. 프로이트의 연구에서 동일시 중 '멜랑꼴리적 동일시'가 있습니다. 멜랑꼴리적 동일시는 어떤 대상에게 자신의 에너지를 투여해 동일시하면서 모든 에너지를 자기 자신에게로 쏟는 것을 말합니다. 자신이 가장 증오했던 대상과 자신을 동일시하면서, 미워했던 대상은 정작 사라지고 오직 자신에 대한 증오와 경멸, 신랄함만이 남는 것이지요.

재훈 씨에게는 멜랑꼴리적 동일시가 작동했습니다. 그토록 신랄하게 자신을 비난하고 비하하고 공격하는 사람이 실은 자신이 아니라 자신과 동일시된 어머니였지요. 그러나 이미 재훈 씨 안에서 어머니라는 대상은 사라지고 없습니다. 대상이 사라지니 그에 대한 비난과 증오가 자기 자신에게로 되돌아온 것입니다.

그러니 일반 심리치료에서 하듯이 아무리 어머니에 대해 객관화를 하고 위로하고 지지를 해도 벗어날 길이 없습니다. 동일시는 말 그대로 어떤 대상과 일치해서 이미 그 대상이 되었기 때문에, 밖에 있는 실제 어머니에 대한 정서적 지원이 의미 없음을 뜻합니다.

재훈 씨의 어머니는 아들이 오직 자신에게만 집중하도록 집어삼켰으나, 어머니 자신도 자신을 경멸하고 지독한 열등감과 환멸에 가득 찼던 것이지요.

어머니로부터 나온 자기 환멸과 피학적인 모든 상태를 재훈

씨는 자신과 동일시했습니다. 재훈 씨와 어머니 자아 사이의
경계는 사라지고 모든 것은 재훈 씨에게로 향하게 되었지요.

애 도 되 지 못 한
과 거 는 돌 고 돈 다

나르시시즘적이라고 할 때 보통은 자아도취형이거나 착
취형이고 자기 자신밖에 모르는 사람으로 인식합니다. 하지
만 멜랑꼴리의 나르시시즘 퇴행은 오직 에너지가 자신을 향
한 상태입니다. 그것도 공격과 증오, 비난으로 가득한 뫼비우
스의 띠에 갇힌 상태이지요. 이때는 이미 약자가 된 어머니에
대해서는 정작 어떤 미움이나 증오도 경험할 수 없습니다.

재훈 씨의 증오와 신랄한 공격적 발화는 다른 한 면에서는
어머니를 향한 사랑입니다. 어머니에게 집어삼켜진 남자아이
는 다시 어머니를 집어삼키고 하나가 되는 것입니다.

어떤 따뜻함이나 애정 어린 사랑을 받은 경험이 없는 재훈
씨는 오직 고슴도치 가시처럼 사나운 어머니와의 사랑을 끝
없이 먹고 또 뱉는 방식으로 반복했지요.

재훈 씨는 여성들과도 문제가 있었습니다. 여자들에게 관

심을 주기 어려워하며 자신에게 호감을 표해 오는 여자를 금세 밀어냈습니다. 여자들이 자신을 증오하고 혐오스럽게 여긴다고 확신하며 철저히 방어했지요.

분노에 찬 재훈 씨의 발화는 2년이 되도록 멈추지 않았습니다. 그는 여성으로서 괴물이 된 어머니를 한 면에서는 옹호하고 한 면에서는 파괴하고 싶어 했습니다. 그 양가적 상태에 갇혀 매일 아침 죽고 싶다는 생각을 하며 잠에서 깨어났습니다. 그렇게 어머니를 죽이고 싶은 증오와 어머니를 향한 사랑이 파괴적으로 자신에게 되돌아왔던 것입니다.

재훈 씨는 어머니라는 대상과 동일시하고, 스스로 어머니 자체가 되어 끝나지 않는 애도를 지속하고 있었습니다. 그에게 애도의 끝은 죽음 이외에는 어떤 방법도 없는 것이지요.

매우 실망스러운 개입이라 느껴지겠지만, 저는 재훈 씨와의 작업에서는 어떤 전문적인 해석이나 어떤 수용적, 공격적 개입도 하지 않았습니다. 그의 비관적이고 회의적이고 경멸적인 생각과 상태를 호전시키거나 바꾸려는 그 어떤 시도도 하지 않았습니다.

그가 내뱉는 발화를 듣고 또 들었고, 섣불리 그 끔찍한 발화를 멈추거나 정제하려고 들지도 않았습니다. 다만 시선을 고정시키고 결코 다른 곳을 향하거나 돌리려 하지 않고, 무서운 집중력으로 그것을 '주시'하고 있을 뿐이었습니다.

재훈 씨는 정해진 상담 시간이 끝날 무렵에 때때로 정신이 번쩍 들어 "선생님 너무 죄송합니다"라고 말하며 머쓱하게 분석실을 나섰습니다. 요즘 유행하는 악귀 영화들처럼 인간을 집어삼킨 망령이 온통 인간을 뒤흔들다가 쑥 빠져나가는 듯이 말이지요.

영화에서는 악령이 든 인간들을 구하는 구마사제나 퇴마사들이 악령들의 이름을 찾고 '호명'합니다. 호명한다는 것은 그것들의 정체를 인정하고 그 상징성을 부여하면서 그곳에서 나가라는 명령입니다.

재훈 씨뿐만 아니라 우리를 지배하는 자아들은 이름을 붙이지 않은 무수한 망령들로 이루어져 있습니다. 분석은 그 망령들의 정체를 하나하나 밝히고 호명하는 작업에 다름 아니기도 합니다.

다 쏟 아 내 면
혼 자 서 도 걸 을 수 있 다

재훈 씨와 함께한 분석 과정이 3년이 다 되어 갈 즈음, 신기하게도 재훈 씨는 분노의 발화가 잦아들고 평이한 언어로 말하기 시작했습니다.

바닥에 누워 떼를 쓰며 뒹굴던 아이가 벌떡 일어나 자기 할 일을 찾듯, 악귀 들린 주체가 고통에 몸부림치다 악귀가 쑥 빠져나가 듯이 말이지요. 재훈 씨는 연애를 해 보고 싶다고 말했습니다. 두렵지만 사랑도 주고 사랑도 받아 보고 싶다고 했지요.

재훈 씨는 자신 안에 매몰된 에너지를 밖으로 쏟기 위해 있는 힘을 다하면서도, 살얼음을 걷듯 조심스럽게 사람들을 만났습니다. 여자들과 새로운 관계를 맺으면서 여전히 피학적 두려움과 신랄함이 찾아들었지만, 자기 자리를 잃지 않기 위한 노력을 지속했습니다.

재훈 씨는 연애가 잘 안 되면 저를 다시 찾아오겠다고 말했습니다. 자신을 향해 신랄한 비난을 쏟아 내던 재훈 씨가 사랑이 어려워지면 다시 찾겠다고 말했다는 자체는 매우 유의미한 현상이었지요.

저는 그 순간에는 처음이자 마지막으로 단호한 개입을 했습니다. 이제는 혼자 갈 수 있고, 다시 돌아올 수 있는 길은 없다고 말입니다.

함께 울어야
할 때

"애도는 감정만이 아니고 실천의 영역입니다.
실천은 노동을 포함하지요. 애도의 노동은 굳이 그것을 기억하고
그것을 위한 어떤 행위들을 해 나가는 것입니다."

몇 년 전부터 나라에 여러 재난과 참사들이 일어났습니다.
퇴근길 운전을 하다 길을 지나는 학생들을 보면 감사하다는
마음이 울컥하고 올라올 때가 있습니다. '아, 그냥 살아만 있
어만 주어도 고마운 일이다' 하고 말입니다.

세월호 사태 이후 커다란 참사는 다시는 일어나지 않을 것
이라는, 누구도 주지 않은 믿음을 또 우리는 가지고 있던 것
같습니다.

2022년 10월, 이태원 사태가 있던 날은 딸아이가 홍대에 간다고 한 날이었습니다. 딸아이는 고교 입시를 끝내고 친구들과 놀러 간다고 신이 나서 집을 나섰지요. 평소 밖으로 돌아다니기보다 집에 있는 것을 더 좋아하는 집순이 아이가, 그날은 한껏 멋을 내고 흥에 겨워 나갔습니다. 아이를 보고 '이제 다 컸구나'라고 생각하며 흐뭇한 감정을 느낀 아침이기도 했습니다.

그날 밤 속보를 본 순간, 피가 싸늘하게 식고 호흡이 멈추는 듯한 두려움에 압도되었습니다. 아이가 전날 "이태원을 갈까? 홍대를 갈까?" 하며 망설였기 때문입니다. 아이와 전화 연결이 되지 않자 피가 마르고 세상이 다 멈춘 듯 백지상태였습니다. 아이는 다행히 집에 돌아와 아빠와 함께였습니다. 하지만 그렇게 돌아오지 못한 아이들을 보낸 부모들의 심정은 말로 표현하기가 무례할 정도입니다. 우리는 그렇게 긴 세월에 걸쳐 너무 많은 아이들을 떠나보냈습니다.

마지막 작별조차 나누지 못하고 문을 나간 아이를 다시는 볼 수 없다는 사실을 차마 말로 다 할 수 없습니다. 그 끔찍한 아비규환의 공포 속에서 숨을 멈추어야 했을 젊은이들의 삶을 어떻게 설명해야 할까요? 시간이 지나며 우리는 망각하지만 되새길수록 믿기 어려운 사실입니다.

유명한 어떤 이가 텔레비전에 나와 이태원 사태를 두고 "애도의 시간에 책임을 묻는 것은 아니다"라고 이야기하는 것을 보며 깜짝 놀랐습니다. 애도가 무엇인지조차 모르는 단선적인 무지함에, 무엇을 보호해야 할지 사유하고 고민하지 않는 경박함에, 참으로 오랜만에 분노가 터져 나왔습니다.

무엇을 했고
무엇을 하지 않았나

개인 분석에서는 불편한 과거를 탐색하고, 그 고통의 서사에서 누구에게 책임이 있는지, 누가 고통의 대가로 이득을 얻는지를 집요하게 탐색합니다. 고통의 서사에서 '나는 무엇을 했고 하지 않았는지'를 명료한 정신으로 탐색하고 직면해 나가는 것이 진정한 애도이고 분석 과정입니다.

'살아만 있어 주어도 고맙다'라는 상황은 전쟁 통에서나 경험되어지는 심리적 상태입니다. 말 그대로 어디서 무슨 일이 터져도 어떤 법으로부터도 지켜지지 않는 각자도생의 마음, 무질서와 혼란은 우리 개인의 정신적 상태와 무의식 상태마

저도 흔들어 놓고 맙니다. 의학과 심리학이 말하는 소위 '정상
성'의 상태가 아니라는 말이지요.

의식적이든 무의식적이든 우리는 트라우마적 경험을 하고
있습니다. 이것은 언제 어떤 모습으로 다시 발화될지 알 수
없습니다.

국가 최고 정치권력은 정신분석에서 말하는 상징계의 대타
자성을 절대적으로 갖고 있습니다. 대타자는 사회적 권력을
지니는 지극히 보편성에 맞추어져 시스템을 유지하고 책임
져야 할 의무도 함께 지닙니다. 책임지지 않는 통제는 지배의
단맛을 누리는 일이 지나지 않습니다. 마치 유아들이 자기 쾌
락을 취하기 위해 난폭해질 수 있는 광기를 불러오는 모습과
흡사합니다.

사회는 계속 발달하지만 우리는 점점 더 주인과 노예 담론
에 지배받아 갑니다. 근대 이전 주인들은 노예나 하인의 노동
과 실천적인 지식을 사용하고 향유할 권한을 갖는 대신, 그들
의 먹거리와 외부로부터의 공격과 안전을 전적으로 책임지고
관리하는 일을 했습니다. 하지만 문명화된 지금이 그때보다
더 좋아졌다고는 말하기 어려운 현실을 살아갑니다.

이태원 참사 이후 딸아이와의 간헐적 통화가 이전처럼 당연하게 느껴지지 않는 기이한 느낌마저 갖게 했습니다. 마치 생과 사의 갈림길에서 돌아온 아이를 만나는 기분처럼 느껴집니다.

하루하루 무사히 내 아이가 살아 있다는 사실에 안심해야 하는 비정상적인 시대 속에 우리는 다시 서 있습니다. 생존자인 우리는 희생된 가족을 둔 이웃들과 어떤 방식으로든 연대할 수 있어야 하겠습니다. 그것이 그들을 애도하고 우리 자신에 대한 애도를 실천적으로 이행하는 일이 될 것입니다.

애도는 감정만이 아니고 실천의 영역입니다. 실천은 노동을 포함하지요. 애도의 노동은 굳이 그것을 기억하고 그것을 위한 어떤 행위들을 해 나가는 것입니다.

소명을 요구하는 목소리

프로이트의 유명한 명제이지요.

애도 되지 못한 감정들은 반드시 회귀한다.

애도 되지 못한 무수한 것들은 우리 무의식을 떠돌다 유사한 사건을 만나면 증상이나 유의미한 현상으로 발화되어 반복됩니다. 사회적 이슈나 고통, 사건들은 단지 타자의 고통만이 아닙니다. 우리는 사회 속에서 또 보이지 않은 연결 속에 살아가는 인간이기 때문이지요.

사회적 사건들은 지도자들과 책임 있는 자들의 적절한 태도와 제도 안에서의 다독거림이 반드시 필요합니다. 그것은 참사를 겪은 유가족만을 위한 책임과 위로가 아니라, 그들과 연결된 구성원들 모두에게 전달하는 위로와 애도이기 때문입니다.

우리의 삶은 그저 하루를 사는 것 이상은 아닙니다. 모두가 그렇게 하루를 살아내지요. 개인이 맺고 있는 관계 또한 그리 많지도 그리 복잡하지 않은 지극히 단조롭게 하루를 사는 것임에도, 한 존재가 지닌 무게는 슬프도록 무거운 것 같습니다.

표면으로 드러나는 일상과 그 단조로움들 너머로 얼마나 많은 복수와 애도가 뒤엉켜 있는지요. 그것들이 지극히 단순한 우리 하루의 일상을 얼마나 장악하고 있는지 모릅니다.

존재는 무겁습니다. 그 무거움의 덩어리 안에서 쉼 없는 언어가 쏟아져 나오고 또 쏟아져 나옵니다. 그렇기에 무엇보다 책임의 소재와 원인에 대한 소명을 요구하는 목소리를 회피하거나 외면하지 않고 직면하고 요구해야 합니다.

그들을 위해서가 아니라 우리 자신을 위해서 끝까지 그 책임을 물어야 합니다. 이웃에게 일어날 수 있는 일은 언제든 나에게도 일어날 수 있는 일이라는 연대가 그 어느 때보다 절실한 시대입니다.

모든 애도는
산 자를 위한 것이다

"개인은 대상과의 관계를 맺으며 또 다른 고통과 갈등을
경험하게 되겠지만, 그것 또한 살아 있는 삶입니다.
우리는 어떻게 해서든 어떤 방법으로든 살아 남아야 하기 때문입니다.
그것만으로 충분한 의미가 있습니다."

가족을 자살로 잃은 경우는 드러나지 않지만 상당히 많습니다. 자살은 매우 조심스럽고 민감한 부분이지요. 한 개인이 스스로 생을 마감하고 끝내는 데는 많은 이유와 경로들이 존재합니다.

자살에 대해서는 통념적으로 우울이라고 생각하는 경우가 많습니다. 생전에 고인이 어떤 우울과 고통을 겪었는지에 대해 대부분의 초점이 맞추어져 있습니다. 그렇게 사회적으로

애도의 인식이 있고 또 그렇게 이해해야 고인에 대한 애도의 마음을 간직할 수 있으니까요. 남은 자들이 좀 더 쉽게 그 죽음을 받아들일 수 있기 때문이기도 합니다.

하지만 자살에 이르는 이유는 우울의 끝이라고 단정할 수만은 없는 아주 복잡한 충동과 메커니즘이 존재합니다. 분석실에서 내밀하고 깊은 곳을 탐색하는 중에 죽음에 대한 원의를 이야기하는 경우가 종종 있습니다. 물론 충동이 일어나는 것과 그 충동을 실천으로 옮기는 것에는 엄청난 차이가 있지요.

우리는 어떻게든 어떤 모습으로든 살아남아야 하고 단지 살아 있는 것만으로 생의 의미는 충분합니다. 하지만 결코 그 단순한 의미만으로 자신의 생을 유지할 수 없는 사람들이 있습니다. 너무나 큰 고통과 갈등의 정점에서 하나의 출구로서 죽음을 선택하는 사람들입니다.

죽음은 인간이 살고자 하는 본능 이상으로 강렬한 소멸에 대한 본능입니다. 생의 경계를 스스로 넘어서면서 소멸에 이르고자 하는 산화의 본능이기도 합니다. 죽음은 누구에게나 찾아오지만, 그렇다고 누구나 죽음을 민감하게 지각하거나 감지하며 살아가지는 않습니다.

죽음을 선택하고 그 죽음의 터널로 온전히 사라진 한 친구
가 남긴 말이 기억납니다. 두 번의 죽음의 시도 끝에 그 친구
는 온전히 다른 세계로 넘어갔지만, 첫 번의 시도에서 이런
말을 남겼습니다.

"어떤 강력한 흡입구로 빨려 들어가는 것 같았다."

이것은 의지나 의식적으로가 아니라 우리 안에서 펄펄 살
아서 우리 의식과 의지와 무관하게 끌어당기는 충동의 힘을
온몸으로 감지한 상태입니다. 그 충동에 자신을 내던져 버린
것이지요. 그것은 또 하나의 절정을 향해 치닫는 소멸에 대한
열망입니다.

타자에게 보내는
마지막 메시지

신경증은 모든 몸 충동과 에너지들을 적절하게 또는 강력
하게 억압하면서 생겨납니다. 우리 모두에게는 신경증이 존
재한다고 말할 수 있습니다. 정도와 강도의 차이가 있을 뿐이

지요. 신경증은 무수한 증상과 신체적 고통을 만들기도 하지만, 신경증이라는 억압 체계 덕분에 우리는 강력한 죽음의 충동으로부터 보호받기도 합니다.

아무리 외치고 불러도 대답 없는 타자들을 향해 남기는 마지막 유서, 이것이 일반 신경증자들의 자살입니다. 우리가 '나'라고 인식하는 자아에는 온통 타자의 언어와 타자의 표상들로 가득합니다. 그렇기에 '타자'는 곧 '나'이기도 합니다. 반면, 히스테리증자는 타자인 대상을 통해서만 나를 인식하기도 하지요.

그렇게 자신을 죽여 타자에게 절대적인 결여의 흔적을 남기려는 것이 그들의 죽음입니다. 자신을 죽이고 자신 안에 있는 타자들을 함께 죽이는 것이지요. 그리고 그들은 죽음으로써 산 자들 안에 남아 끝끝내 살고자 합니다.

병이 아닌 사고나 자살로 가족을 잃은 경우는 충격과 더불어 그 죽음을 받아들이는 일이 더 고통스럽고 어렵습니다. 왜 그런 선택을 했는지 물을 수 없고, 어떻게 그런 사고가 일어났는지를 집요하게 물을 수도 없습니다.

우리는 그 과정이 얼마나 지난하고 힘겨운지 많은 매체에서 지켜보기도 합니다. 그 질문들은 죽은 망자를 위해서만이 아니라 산 자들이 놓여나기 위한 질문이기도 합니다. 산자들은 죽음을 이해하고 나서야 비로소 놓일 수 있기 때문이지요. 그래서 끝나지 않는 지난한 싸움을 이어가는 사람들도 많이 있습니다.

그 지난한 과정에서 살아 있는 우리가 무엇을 했는지 살펴보고 그들의 선택과 사고가 우리의 잘못으로만 일어난 일이 아님도 충분히 인지하고 받아들여야 합니다. 우리가 지난 날 그들에게 마땅히 해야 했던 일을 하지 않았음을 인정하고, 어떠한 방식의 책임을 다해 나가는 것도 애도의 중요한 부분입니다.

하지만 과도한 죄책감은 정말 망자에게 잘못했다고 자책해서가 아니라, 그들을 위해 막연하지만 무언가 했어야 했다고 생각하는 '나 자신을 놓지 못하는 일'일 수도 있습니다.

"그때에 내가 그랬더라면……"이라는 말은 냉정하게 말해서 남은 자의 회한일 뿐입니다. 더 엄밀하게 말해 망자를 위한 것이 아닙니다. 그에게 영향을 줄 수 있다고 생각하는 것 또는 주었어야 했다고 생각하는 남은 자들의 의미 부여일 수 있습니다.

무엇이 그들을
죽음으로 내몰았을까

우리의 몸과 정신을 아우르는 에너지의 핵심인 리비도가 대상으로 옮겨지거나 순환하지 못하는 경우가 있습니다. 순환하지 못한 모든 에너지는 자기 자신에게로 되돌아옵니다. 어떤 일이 벌어져도 내 탓이고 조금만 힘겹거나 문제가 생겨도 내가 못난 탓이 됩니다.

살 가치가 없고 이미 모든 관계, 모든 일상은 무의미하고 무가치함으로 가득 찹니다. 이들은 오직 자기 자신에 대한 비난과 힐난만이 존재하며 어떤 일이 있어도 '기승전-자기'로 돌아갑니다.

그렇다고 이렇게 비관적이거나 회의적인 태도의 사람들을 향해서 '자존감이 낮다, 피해의식에 절었다'라고 판단하는 것은 잘못된 이해입니다. 그들이 드러내는 비관적인 내용들을 중화시키고 다독이거나 긍정적인 방향으로 회복하려는 노력 또한 초점을 제대로 맞추지 못한 접근에 불과합니다.

그보다는 리비도 사용과 리비도가 어디로 집중하는지, 그 방향이 중요합니다. 충동이 오직 자기 자신에게로 돌아가는 멜랑꼴리적 상태는 자아도취적 나르시시즘과 다른 양상의 나르시시즘적 상태와 다르지 않습니다.

피해망상으로 보이거나 느껴지는 자기 비난은 고통으로 우리를 데려다 놓습니다. 이러한 부정적 방식의 자기 집중과 자기 탐닉의 사고는 매우 단단합니다. 이러한 사유 체계에 균열을 일으키는 것은 '일단 멈춤'과 멈추고 난 뒤의 '행위'입니다.

여기서 행위는 어떤 의미나 가치 있는 것을 찾아서 헤매는 것이 아니라 아무런 생각과 의미를 부여하지 않은 채로 '그저 행하는 것'입니다. 그 어떤 것이라도 무관합니다. 이것은 자기 안으로 몰려드는 리비도를 외부로 축출하는 과정이기도 합니다.

단순하고 반복된 이 축출 과정을 거치며 자신을 죽이는 멜랑꼴리적 자기 비난, 우울의 터널에서 조금씩 빠져 나올 수 있습니다. 그렇게 조금씩 빠져나오면서 리비도는 자기 자신이 아닌 어떤 대상을 향할 수도 있습니다.

에너지가 다른 대상을 향할 때 개인은 대상과의 관계를 맺으며 또 다른 고통과 갈등을 경험하게 되겠지만, 그것 또한 살아 있는 삶입니다.

우리는 어떻게 해서든 어떤 방법으로든 살아 남아야 하기 때문입니다. 그것만으로 충분한 의미가 있습니다.

2장

나도 몰랐던 내 안의 상실

m o u r n i n g

애도의 발견

결혼했지만
결혼하지 않았다

"배우자를 만날 때, 우리는 무의식적으로 잃었다고 느끼는 것이나
갖고 싶었던 것을 줄 수 있다고 여기는 대상을 선택합니다.
그 선택은 잃었으나 잃은 줄도 모르는 상실에 대한 애도일 수도 있고,
상실한 것을 반복적으로 재현하는 과정일 수도 있습니다."

그녀는 이혼했습니다. 이혼에 이르기까지 무수히 많은 시간을 고통 속에서 지내야 했습니다. 이혼한 뒤에도 도무지 이혼의 의미를 이해할 수 없어서 또 다시 고통 속에서 많은 시간을 견뎌야 했습니다.

그녀는 분석을 받겠다고 찾아오고 나서 2년 여의 시간을 보냈고, 정신분석에 대한 심화 공부까지 무서운 몰입의 시간을 가졌습니다.

그녀는 대학생 때 남편을 만났습니다. 남편은 그녀에게 태양과 같은 단 하나의 존재였습니다. 그들은 빛과 같은 존재 안에서 부족함 없이 만족스러운 시간을 보냈지요. 그녀가 아기를 갖고 남편의 어떤 사건을 목격하기 전까지는 말이지요.

어느 날, 그녀가 남편의 탈선적 행동을 알아챈 순간부터, 그녀의 삶은 빛에서 도저히 끌어올려지지 않을 것 같은 어둠으로 추락했습니다. 남편은 천사에서 악마가 되어 버렸습니다. 그녀는 조그마한 빛조차 비추지 않는 나락에서 고통에 몸부림쳤습니다.

잃은 줄도 몰랐다

배우자를 만날 때, 우리는 무의식적으로 잃었다고 느끼는 것이나 갖고 싶었던 것을 줄 수 있다고 여기는 대상을 선택합니다. 또는 내가 투영한 이상적인 자기상이 들어맞는다고 생각되는 대상을 선택합니다. 그 선택은 잃었으나 잃은 줄도 모르는 상실에 대한 애도일 수도 있고, 상실한 것을 반복적으로 재현하는 과정일 수도 있습니다.

대리언 리더는 《우리는 왜 우울할까》라는 책에서 이런 말을 했습니다.

과거에 겪은 모든 상실을 되짚어 보고 나서야 가장 최근에 잃은 사람에 대한 애도가 시작되는 일이 비일비재하다는 임상적 사실과 일치하지 않는가? 이 과정이 진행되려면 애도자는 무의식 층위에서 대상과 대상의 자리를 구별할 수 있어야 한다. 그리고 아마도 이를 통해 상실한 그 사람을 왜 사랑했는지가 명확해질 것이다. 사랑하는 사람과 그 사람이 차지하는 자리를 구분해서 표현할 수 있으면 더 나아가 새로운 투자, 즉 그 빈자리에 다른 사람을 놓는 일이 가능해질 것이다.

많은 사람들은 현재 고통을 주는 대상만을 이야기합니다. 하지만 이 현재의 대상은 과거의 고통과 기억들을 소환하며 반복적으로 어떤 것을 끌고 오지요. 결국 현재의 상실이 문제가 되는 듯하지만 현재의 상실은 과거에서 옵니다. 현재의 상실은 과거의 상실이나 좌절과 맞닿아 있기 때문입니다.

애도 되지 않은 것은 결코 내 안을 떠나지 않는 유령으로, 지속적으로 여러 표상으로 재현된다는 말이지요. 그리고 그

대상에서 실재 고통이 똑같이 재현될 때, 감당할 수 없을 듯한 공포와 어둠에 갇히고 맙니다.

이혼을 했는데 그가 나에게 어떤 의미였는지 그래서 그를 잃어버린 것인지 그를 통해 원래 잃었던 것을 한 번 더 잃어버린 것인지, 그가 내게 준 상처는 이전의 어떤 상처와 유사한지를 무의식적으로 이야기해 나갑니다.

그녀는 개인 분석과 더불어 여러 명이 함께 듣는 심화 수업에 참여했습니다. 다른 구성원들은 전문가들이어서 각자 내담자들의 사례를 쓰는 데 반해, 그녀는 오직 자신의 이야기로 글을 써 나갔습니다. 그러면서 개인 분석에서 보여 주지 않았던 자유연상을 제대로 보여 줬습니다. 자유연상은 생각과 감정을 여과 없이 자유롭게 떠올리고 말하는 것을 말합니다. 이 과정에서 증상과 관련된 과거의 경험이나 기억들이 차츰 드러나지요.

그녀는 글을 쓰는 동안 고통이 몸으로 오기도 하는 여러 현상들을 경험해 나갔습니다. 여과 없이 자신을 보여 주는 과정은 매우 의미 있는 일입니다. 그녀가 보여 준 과정의 일부분을 독자들과 함께 공유하고자 합니다.

전남편은 자기 주변 친구들과 달리 명품이나 차, 시계에 관심이 없었다. 이 직업군에 있는 많은 사람들과 달리 돈 자체를 목적으로 사는 것 같지 않았고, 늘 자신은 빨리 은퇴해서 살고 싶다는 이야기를 했다. 그런 모습에서 아빠가 떠올랐다.

우리 아빠는 돈을 다른 사람에게 빌려주는 것이 아니라 그냥 주어야 한다고 말했다. 어려운 사람에게 받으려고 요구하면 안 된다고 해서 아빠는 세속적이지 않은 사람이라고 받아들여졌다. 아빠가 왠지 멋있어 보였고 존경스러워 보였다. 그런 순간은 그때뿐이긴 했다.

그에 반해 아빠가 다른 사람에게 빌려준 돈을 악착같이 받아내려고 한 엄마는 속물로 보였다.

나는 늘 무관심 속에 있었고 혼자서 공부해 오면서 무관심이 상처라고 생각했는데, 분석 과정을 통해 내가 무관심을 바랐다는 사실이 충격이었다. 그러고는 왜 무관심을 바라게 되었을지 생각해 보니 그것도 아빠의 영향이었다.

아빠가 나한테 관심을 보일 때마다 나는 비난과 명령

을 들었다. 아빠와 엄마는 동생과 나를 보면 잔소리를 했고, 그때마다 아빠의 그 크고 강한 목소리가 너무 싫었다.

살면서 남자들이 나에게 관심을 가지면 어떤 변명과 핑계로 그 관심을 깎아내렸다. '너는 나에 대해 아무것도 모르고 좋아한 것이기 때문에 좋아한 것이 아니다'라는 식의 핑계로 거절했다. 진짜 나를 알아갈까 봐 두려웠다. 반대로 전남편은 극도로 타인에게 무관심한 태도를 보였고, 거기에 나는 강하게 끌렸다.

나는 전남편이 나에게 끝까지 무관심할 것이고 그러므로 나에 대해서 절대 알지 못할 것이라는 것, 나에게 시선을 주지 않을 사람이기 때문에 내가 안전할 것이라고 본능적으로 알았던 것 같다. 그때는 전혀 몰랐지만 지금 생각해 보니 내 무의식은 무관심을 원했다는 것이 퍼즐처럼 딱 들어맞는다.

중학교 때 유일하게 좋아했던 담임 선생님이었던 국어 선생님도 현실을 초월한 것 같은 모습이 멋져 보였다. 그러다가 어느 날, 선생님이 시험 끝나고 나를 불러서 나의 하루 일과를 상세하게 물어보았다. 아무도 나의 일과를 이렇게 상세하게 물어본 사람이 없었기 때문에, 지금도 생생하게 기억이 난다.

장래 희망에 '음악 피디'라고 쓴 기억이 있다. 그냥 주변 친한 친구 중에 음악을 좋아하는 애가 있어서 그냥 덩달아 써낸 것이다. 선생님은 나에게 음악 목록을 써 가지고 오라고 했다. 집에 있는 엄마가 옛날에 듣던 팝송 테이프 전집을 들으면서 몇 개 써냈다. 사실 그 음악을 많이 듣던 것도 아니었는데 평범하지 않은 것을 써내야 할 것 같아서 썼고, 선생님은 이렇게 옛날 노래를 어떻게 알았냐고 눈이 동그래가지고 나를 신기하게 쳐다보았다. 선생님이 나를 너무 과대평가하는 느낌도 들고 내가 선생님을 속인 것 같다는 죄책감도 들어서 그 뒤부터 선생님을 열심히 피해 다녔다.

그동안 내가 매우 내성적이라고 생각하고 살았고 그나마 대학교 때 외향적으로 바뀌었다고 생각했는데, 대학 동기 언니는 "너는 항상 네 남자친구 뒤에 숨어 있었잖아"라고 말한 것을 보면 그때도 항상 눈에 띄지 않게 숨으려는 모습이 습관처럼 굳어 있었나 보다.

집에 드나들 때는 항상 아무도 내가 왔는지 나갔는지 모르게 도둑고양이처럼 드나들었다. 실제로 누가 들고 나가는지 우리 가족 아무도 관심이 없었던 것 같다. 아니, 아무도 나한테 관심을 갖지 않길 바라서, 관심이 쏟아지지 않도록 내가 그렇게 만들었다는 것이 더 정확한 말인 것 같다. 눈에 띄지 않도록. 거론되지 않도록.

결혼을 하고 내 집을 따로 가진 뒤에도 나는 바깥으로 돌아다녔다. 아이를 낳기 전에는 퇴근 후에 저녁마다 뭔가 항상 일정을 만들어서 배우러 다니든 어쩌든 집에 붙어 있지 않았다.

수많은 것들을 나는 왜 그렇게 바삐 배우러 다녔을까? 내가 집을 불편해한다는 생각은 조금도 하지 않고 그냥 좋아하는 것이 너무 많고 배우고 싶은 것이 너무 많으니까 집에 들어갈 시간이 없다고 생각했다.

내가 학교로 도피하고 엄마 아빠와 더 이상 살지 않는 지금도 집에 붙어 있지 못하는 이유는 집이 편안하게 쉬지 못하는 장소, 불안과 공포의 장소였다는 생각이 들었다. 실제로 친정집에 가면 집 먼지 알러지 증상이 너무 심해서 밤새도록 재채기와 콧물로 잠을 못 잘 정도라 따로 호텔에 가서 자야 했다.

어렸을 때는 두드러기와 알레르기 비염과 축농증을 달고 살았는데, 중학교 때부터 집을 떠나 살게 되면서 그 증상들이 차츰 없어졌다.

내 의식이 나를 얼마나 속이는지 한 번 더 느낀다. 그토록 오랫동안 무리하게 힘들어하면서도 밖으로 나돌아 다녔다. 나는 내가 여행을 좋아한다고 스스로 또 착각했던 것 같다.

그러다가 작년 겨울 온갖 스키장을 몇 날 며칠씩 아이와 둘이 돌아다니면서 스키를 타다가 '내가 진짜 스키를 타는 게 좋은가? 지금 재미있나? 힘든가? 매번 재미가 없는데 왜 이러고 있지?' 하는 생각만 떠올랐다.

과정을 즐기는 것이 아니라 뭐든 빨리 해치우고 또 다른 걸로 넘어가고 또 넘어가면서 재미있다고 착각했다. 사실은 그 과정에서 숙제를 해치우는 듯한 느낌이 재미있었던 것 같다.

뭐 하나를 끝낼 때는 쾌락이 있으니까 그것을 계속하기 위해서 내 느낌과 기억을 조작한 듯한 생각이 든다. 목표에 몰두하니까 그 과정 중에 내가 어떤 상태인지 한 번도 인식하려고 해 보지 않았다. 다 끝내고 나면 '이 과정도 참 재밌었어'라고 나중이 되어서야 덧씌운 것 같다. 과정은 기억 속에서 지워졌으니까 덧씌우기도 쉬웠던 것 같다.

내가 보고 싶은 나로 스스로 포장지를 씌웠다. 책에서 항상 결과만 가지고 살면 안 되고 과정을 즐길 줄 알아야 한다고 하니까 그 말에 끌렸고, 그런 내가 되어야 한다고 생각했는데, 어이없게도 나는 그냥 그것만을 목표로 그 그림에 나를 끼워 맞추며 살았다.

한 번도 그 과정 중에 내가 어떤 상태인지를 의식하지 않았었다는 사실이 놀랍다. 얼마나 많은 그림 속에 나를 그려 놓고 내 감정을 속이면서 그것이 진짜라고 믿고 있을지 가늠하기 무섭다.

애도의 기술

그녀의 글쓰기는 언어적 연상을 넘어선 자유연상의 현장이기도 했습니다. 엄마에 대한 결핍, 엄마에 대한 상처에 꽤 많은 시간을 할애하던 그녀가 어느 순간, 아버지에 대한 글쓰기를 이어 나갔고 그러면서 남편을 다시 마주했습니다.

그녀는 글쓰기 과정에서는 어린아이와 같은, 미사여구가 제거된 순수한 발화를 보여 주었습니다. 그녀의 발화를 살펴보면 무의식에 저항하지 않고 잘 따라가는 모습을 발견할 수 있습니다.

그녀의 텍스트에는 놀랍도록 많은 분석적인 요소들이 있습니다. 그녀는 집에 붙어 있지 못하고 외부의 시선과 목소리들로부터 지속적으로 숨어 다닌 것을 자각했지요. 그 이면에는 아빠의 목소리가 있었습니다. 어린 여자아이에게 와닿은 아빠의 목소리는 '성인 남성'의 커다란 음성이었습니다.

성충동은 다양합니다. 그중에서 '호원충동'이라는 것이 있습니다. 호원충동은 음성이나 소리로 전달되는 성충동이지요. 어린 여자아이에게 자극적으로 다가온 성인 남성의 목소리는 매우 두렵고 혐오스러움으로 전달되었을 가능성이 높습니다. 그녀가 무관심을 바라며 철저히 자신을 유령으로 만든 것은 성인 남성의 접촉에서 시작합니다.

성인 남자의 음성은 아이에게 실재의 아빠, 그러니까 상징적인 아버지의 느낌이 아니라 생생한 성인 남자의 느낌으로 전달된 것입니다. 그녀는 그것에 대한 거부와 감각적 자극으로 여러 신경증과 억압을 받기에 충분했을 것입니다.

그녀를 이혼에 이르게 했던 결정적인 사건은 남편의 성적 일탈이었습니다. 그 이전에는 그녀에게 남편은 세속적이지 않고 현실을 초월한 이상적인 남성 또는 소년의 모습이었지요. 그러나 업소에 다녔던 남편을 확인하고 모든 것이 깨져버렸지요. 어린 소녀의 정체성을 유지해 온 그녀가 어른 남성인 남편을, 그것도 매우 일탈적인 성행위에 몰두하는 남편을 확인하는 순간, 모든 것이 무너지고 부서졌습니다.

환상이 깨지는 순간

그녀가 경험한 고통은 흔히 혼외관계, 즉 외도를 발견해서 고통을 받는 배우자들이 겪는 고통과는 또 다른 층위의 고통입니다. 혼외관계에 대한 고통은 남편이나 아내에 대한 배신감, 말하자면 내가 더 이상 그나 그녀의 절대적인 대상이 아니어서 생기지요. 또는 그나 그녀가 나 아닌 다른 사람을 마음에 들인 것에 대해서 절망과 고통을 받습니다.

하지만 그녀의 남편은 성매매를 함으로써 그녀가 남편에게 가졌던 상상계적 환상과 이상화된 모든 이미지를 추락시켰습니다. 오직 성행위만을 목표로 하는 끔찍하고 혐오스러운 남자를 확인한 것입니다.

여기서 그녀는 오랫동안 거부했던 성인 남성의 목소리를 맞닥뜨렸습니다. 그녀가 성장 과정 내내 숨어 다녀야 했던 본질적인 거부와 억압의 원형은 '아버지 목소리'였던 것으로 보입니다. 아버지는 자신이 가장 행복했던 순간을 직장에서 접대를 받기 위해 여자들이 나오는 룸싸롱에 갔던 일이라고 말하곤 했습니다. 어린 딸아이가 받아들이기에는 버거운 말이었지요. 그녀는 아버지의 강력한 에너지가 담긴 목소리를 피해 성장 과정 내내 숨어 지내야 했던 것 같습니다.

그렇게 일생을 회피했던 성적인 남자를 남편으로부터 두 눈으로 직접 확인하면서, 외상은 실재의 고통과 공포가 되었습니다. 그 사건 이후로 남편과의 치열한 싸움과 갈등 끝에 이혼하게 된 것이지요.

그녀는 남편을 처음 만났을 때 순수하던 소년의 모습을 영원히 볼 것이라는 환상을 가졌겠지요. 그때의 소녀같은 자신의 모습과 함께 평생 꿈같은 생활을 할 수 있으리라는 환상을 이어 갔을 것입니다. 그러다가 남편이 어느 날, 갑자기 어른 남자 그것도 끔찍하고 징그러운 남성의 모습으로 자신 앞에 서 있는 모습을 마주했을 때, 그녀는 모든 것을 잃을 수밖에 없었지요.

•

그녀가
잃어버린 것들

"그녀가 잃은 것은 세상이 부여한 무수한 의미와 관념,
그 관념들에 의한 이미지와 상처였습니다.
그리고 그녀가 얻게 된 것은 '존재' 자체였지요."

그녀를 더 알아 보기 위해 조금 더 글을 살펴보겠습니다.

생각해 보니 아빠는 노래를 좋아했다. 아빠가 노래를
흥얼거리거나 듣는 것을 많이 봤다. 한 번도 할머니와
아빠가 비슷하다고 생각해 보지 않았는데 그 모습이 묘
하게 분위기가 비슷하다는 생각이 든다. 다른 아빠의 형
제들이 노래하거나 하는 모습은 한 번도 못 봤다. 그런

데 나는 할머니의 노래는 특별히 싫어하지 않았지만 아빠의 노래는 끔찍이 싫었다. 차만 타면 트로트를 틀고 크게 부르는 아빠 목소리가 너무 싫었다. 그래서 지금도 트로트를 좋아하지 않는다.

갑자기 또 생각나는 것은 전남편이 좋아했던 일본 노래들이다. 생목으로 째진 소리를 내는 일본 가수 음악들이 아빠의 트로트만큼 이상하게 짜증을 불러 일으켰다. 아빠와 전남편을 동일시해서 나도 모르게 장르가 다른 음악인데도 싫었을까?

이제 보니 장르가 완전히 다른 음악인데도 짜증나는 내 기분은 놀랍도록 똑같았다. 음악이 아니라 아빠와 전남편이 문제였던 것 같다. 아마 아빠나 전남편이 다른 음악을 좋아했다면 또 그 음악을 싫어했겠지.

아빠는 운전을 할 때에도 졸음을 이기기 위해 악을 지르는 수준으로 노래를 불러 댔다. 하지만 아이러니하게도 나는 밴드 연주곡으로 트로트랑은 비교도 안 되게 시끄러운 헤비메탈이나 하드락을 연주곡으로 골라서 했다는 것이다. 내가 싫어한 것은 트로트가 아니라 시끄러운 아빠의 목소리였다는 점이 놀랍다.

아홉 살 때 우리 집은 친할머니 집에서 분가했다. 전학을 간 초등학교는 특별활동이 활성화되어 있었다. 나는 밴드부에 들어갔는데 왜 처음에 밴드부를 선택했는지 기억이 안 난다. 행진을 하면서 여러 악기들이 모여서 연주를 하는 것이 재미있었던 기억밖에.

밴드부 관련해서는 연습실에서의 악기 위치들까지 기억이 생생하다. 초등학교에서 뭘 했는지, 반 교실이 어떻게 생겼는지 기억나는 것이 하나도 없는데 말이다. 중학교 때는 악기를 하는 특별반이 없어서 합창부에 들어갔다. 한 명이 부를 때보다 여러 명이 모여서 화음을 내면 훨씬 더 멋진 소리가 나는 것이 매력적이었다. 그때도 전국 대회도 나가고 했는데 결과는 생각나지 않지만 그 긴장감과 뿌듯했다.

나에게는 아직도 어떤 환상이 남아 있는 것인지 진짜 합주가 하고 싶은지 모르겠지만 기타, 키보드 등 합주할 수 있는 악기를 사 놓고 그냥 집에 모셔 놓고만 있다. 전남편을 선택하게 된 이유 중 하나도 전남편이 밴드에서 드럼을 쳤기 때문이다. 결혼하면 가족 음악회 같은 것을 할 수 있게 될 줄 알았다. 그런데 전남편은 합주를 싫어했다. 그냥 혼자서 드럼 독주하는 것을 더 좋아했다. 아이도 악기를 시켜서 언젠가 나랑 같이 합주를 해야지 하는 마음이 있다.

아이 초등학교는 밴드는 없고 오케스트라만 있어서 오케스트라라도 들어가 보라고 넌지시 말해 보았는데 아이는 내 욕망에 잠식당하지 않은 건지 오케스트라 음악을 듣더니 시끄럽기만 하다면서 단호하게 거절했다.

정신분석을 받으면서 싫어하는 것이 많아졌다. 수영도 거의 배울 수 있는 모든 것을 배우고 미련 없이 그만뒀다. 그리고 무엇보다도 수영을 내가 안 좋아한다는 것을 깨달았다.

여행에 대한 욕구도 사라졌다. 15일의 하와이 여행 동안 처음으로 여행하는 내내 내가 어떤 상태인지를 인지했다. 그 좋다는 하와이에서 나는 계속 짜증이 나고 그다음 할 일과 갈 곳들을 해치우느라고 바쁘기만 했다.

이제는 주말에도 아이를 남편에게 보내기도 하고 밖으로 잘 나가지 않는다. 예전 같으면 친구랑 어떻게든 약속을 잡아서 맛집이든 어디든 다녔을 것이다. 나는

40년 동안 철썩 같이 많은 것들을 좋아한다고 믿었는데 이렇게 한순간에 호불호가 바뀌었다는 것이 신기하다.

내가 나라고 믿고 있는 것 중에 얼마만큼이 진짜일까? 여러 다른 심리 교육에서 수없이 'Here and now'를 해야 한다면서 스스로 내 상태가 어떤지 물으라고 했다. 그래서 나는 또 열심히 억지로 계속 물으려고 노력했지만 잘 안되었다. 의식적으로는 나한테 계속 물어서 내 상태를 인지해야지 했지만 실제로 수업 시간 밖에서는 그냥 원래의 나로 돌아와서 살았다.

수업 시간 선생님이 그런 질문을 할 때만 '내가 지금 어떻지?' 하고 생각했다. 그런데 그때는 억지로 노력해도 안 되던 것이 왜 지금은 저절로 그런 질문들이 내 안에서 올라오는 것일까? 정신분석을 받고 수업을 들으면서 특별히 그것을 강조한 것도 아닌데 말이다.

이제 보니 정신분석이 들어올수록 나는 무언가를 잃어가고 있었다. 내가 가진 나에 대한 수많은 이미지들, 환상들……, 그것들이 다 제거되면 결국 나에게 어떤 것이 남을까?

그녀가 자신의 글쓰기를 보며 스스로 알게 된 첫 번째는 아버지입니다. 그냥 아버지, 있으나 마나한 존재로서의 아버지와 무의식적으로 동기화되어 있었습니다. 싫지만 또 사랑하기도 했던 아버지에 대한 자신을 자각한 것이지요. 이를 계기로 애도한다는 것이 주요한 지점입니다.

의식의 차원에서 그녀가 아버지를 싫어했든 좋아했든 '그냥 내 아버지'였습니다. 그녀는 의식하지 못한 지극히 사소한 것에 사랑을 느꼈고 좋아했으며 또 매우 실재적 성인 남성에 대한 두려움과 혐오, 위험도 함께 인지했습니다.

우리는 좋고 싫음, 좋고 나쁨이 동시에 내 안에 공존할 수 있다는 사실을 부정하고는 합니다. 왜냐하면 그것이 함께 존재한다는 사실을 수긍하면 혼란스럽고 힘겹기 때문이지요.

겨 우
그 것 이 었 다

그녀가 합주에서 느꼈다는 희열은 그녀가 표현한 지휘자나 성직자들이 느끼는 경외감과 거룩함은 절정감입니다. 절정감은 협소하게는 성관계 안에서 느끼는 오르가즘, 즉 희열이지요. 희열과 절정감은 성관계를 통해서만 경험되지는 않고 종교 안에서 또는 자신이 몰입하는 어떤 것에서도 느낄 수 있습니다. 그것을 같은 절정감이라고 표현하는 것은 그 희열과 절정이 성충동으로 이루어져 있기 때문이지요.

종교나 직업 안에서 경험하는 그 희열은 성적 희열의 직접 접촉이 아닌 승화적 차원으로 나아갑니다. 그녀는 악기 자체가 아니라 합주하는 순간, 독창이 아니라 합창이 되어 웅장하게 울려 나오는 순간들을 매우 구체적으로 표현했습니다.

우리 일상에 이런 순간은 얼마든지 있습니다. 자신만의 절정감을 구현하지 못하는 곤궁한 주체들이 직접적이고 초감각적인 자극과 절정만을 찾아 헤매기도 하니까요.

엄밀하게 말하면 그녀는 결혼을 하지 않았습니다. 더 엄밀히 말해 그녀는 그와 결혼하지 않았습니다. 성인 남성의 모습을 확인한 순간, 남편은 천사에서 악마가 되었고 그를 악마처럼 보는 그녀의 눈 속에서 극도로 혐오스러운 자기를 확인한 남성도 그가 예전에 사랑했던 그녀가 아니었을 것입니다. 오직 자신을 태양으로 보던 그녀가 한순간 자신을 악마로 보는 끔찍한 존재가 되어 버린 것이지요.

그녀는 자신의 글쓰기와 해석, 연상의 과정에서 애도의 눈물이 아니라 엄청난 웃음을 터트렸습니다. 무의식적으로 반복했던 애도가 끝나는 지점에서, 그녀는 자신을 가두었던 수많은 의미와 고통을 한순간 가볍게 느꼈습니다. 정말 눈물이 날만큼의 웃음을 터트리며 즐거워하고 재미있어 했습니다.

"겨우 이거였어? 이것들 때문에 내가 그렇게 고통을 겪었다고? 내가 그렇게 좋아하고 치열하게 했던 것들이 아무것도 아니었다고?"

그녀는 이미 남편을 잃었지만, 집요하게 그를 잃지 않으려고 분노와 미움, 슬픔과 원망들로 남편을 붙들고 있었습니다. 하지만 이제 그녀는 자신 인생의 애도라는 한 막을 끝내고, 드디어 남편을 잃을 준비를 마쳤지요.

홀 가 분 하 게
잃 어 버 리 기

한 가지 더 재미있는 현상은 그녀와의 대면 분석의 과정에서는 음악에 대한 이야기는 한 번도 나오지 않았다는 사실입니다. 무의식적 차원에서 일어나는 '삭제'이지요. 이 삭제는 그녀가 아버지를 삭제한 것과 같은 맥락입니다. 그녀에게 아버지는 곧 음악이기 때문이었지요.

아버지의 음성의 접촉은 그녀의 성충동에 대한 민감한 감각 안에서 혐오와 공포를 일으키고 억압했지만, 악기와 합주라는 변주를 통해 자신의 억압된 충동을 발화하고 쾌락을 경험했습니다. 이 기술로 억압되었던 아버지에 대한 이야기, 감정들이 봇물 터지듯 쏟아지기 시작했고, 아버지를 싫어했고 또 사랑했음을 충분히 수용하게 되었습니다. 솟구치는 웃음과 함께 말이지요.

아버지의 음악, 목소리, 트로트는 성인 남성의 성적인 에너지와의 접촉이었습니다. 그녀의 폭발적인 웃음은 회한이 아니라 부정했던 아버지에 대한 자신의 충동과 애정을 인정하고 수긍하는 데서 오는 통쾌함이었습니다. 그 통쾌함으로 인해 그간 그녀를 짓눌렀던 상처라고 생각했던 무수한 의미들이 산화되었지요.

그녀에게 그토록 싫어했던 아버지의 여러 모습들이 사실 아무 의미 없는 일상이고, 평범한 일상 그 이상이 아닌 것으로 다가왔습니다. 말 그대로 있는 그대로 느껴지는 수긍의 순간이었습니다.

그녀는 분석을 통해 '잃었다'라고 표현했지요. 그녀가 잃은 것은 세상이 부여한 무수한 의미와 관념, 그 관념들에 의한 이미지와 상처였습니다. 그리고 그녀가 얻게 된 것은 '존재' 자체였지요. 그녀는 남편을, 아버지를 잃음에도 즐거워 보였습니다.

내 것이 되지 못한
내 것

"자원이 빛을 발하려는 순간, 가로채어 가는 엄마에게 저항하듯
수림 씨는 자신의 역량을 축소시키기 일쑤였습니다. 이것은 내 것을
가로챈 상대에게 잃어버린 자신의 것을 애도하는 일이자 복수입니다."

저를 찾아오시는 분들의 직업이 참으로 다양합니다. 분석
비를 벌기 위해 편의점 아르바이트를 하는 젊은 친구에서부
터 전업주부, 의사, 변호사, 기업인 등 전문직에 있는 분들이
상당히 많습니다.

그중 수림 씨는 의사입니다. 이미 많은 회기를 거치며 감정
에 대한 애도는 끝이 났다고 생각할 무렵, 불쑥 '왜 그녀에게
이것을 묻지 않았지?' 하는 질문이 떠올랐습니다. '너무 당연

하게 느껴지는 그 뻔한 질문조차 소외시키고 있었구나'라는 생각마저 들었습니다.

"의대에 합격하셨을 때, 기분이 어떠셨나요?"

수림 씨의 대답은 매우 건조했습니다.

"그저 안도감뿐이었어요. 단지 그것뿐이었어요."

수림 씨의 말을 듣는 순간, 알 수 없는 저릿함이 가슴 밑에서 올라왔습니다.

수림 씨는 자신이 원하는 만큼의 점수를 얻지 못했을 때, 자신이 좌절하거나 슬퍼하기도 전에 어머니가 먼저 앓아누웠다고 합니다. 수림 씨 어머니는 안방 문을 굳게 닫고 며칠을 울며 자리에 누웠습니다. 수림 씨는 그 닫힌 문을 바라보는 일이 가장 숨 막히고 고통스러웠다고 했습니다.

숨 막히는 시간으로부터 수림 씨가 유일하게 숨 쉴 수 있는 시간은 거실에 있는 반치(오래된 아파트 거실에 있는 한쪽 작은 골방)에 가는 일이었습니다. 수림 씨는 반치에 조그만 탁자와 의자를 밀어 넣고, 어둡고 비좁은 반치에 몸을 끼워 넣은 채, 몇 시간씩 스스로를 가두어 놓았습니다.

수림 씨에게는 그 시간이 가장 안전한 시간이었습니다. 수림 씨를 둘러싼 강렬한 어머니의 감정과 상태 때문에 불안한 마음을 단단히 고정시키고 안전하게 만드는 곳은 가장 구석지고 어두운 반치였지요.

그랬기에 재수를 하고 수림 씨가 의대에 드디어 합격했을 때, 수림 씨는 그저 안도했을 뿐이었습니다. 수림 씨가 느껴야 할 구름 위를 나는 듯한 기쁨과 환희도 어머니가 먼저 가져갔습니다. 전문의에 합격하고 큰 병원에서 근무하게 되었을 때, 의대 정교수가 되었을 때도 그것이 모두 어머니의 덕으로 된 듯했습니다. 어머니 스스로 그렇게 광고를 하고 다니셨지요.

잃어버린 것에 대한 복수

성공한 딸을 자랑스러워하는 일은 부모가 누릴 수 있는 커다란 기쁨 중의 하나입니다. 다만 수림 씨 어머니의 욕망은 잘 성장한 딸을 둔 부모로서의 뿌듯함과 행복이 아니었습니다. 그 모든 것의 주체가 어머니 자신인양 말하며 딸인 수림 씨를 소외시켰습니다.

수림 씨는 한 번도 의사인 자신이 자랑스럽지 않았고 한 번도 의사로서의 직무가 즐겁지 않았습니다. 언제나 내 옷이 아닌 듯한 가운 뒤에서 어정쩡하게 서 있는 자신을 마주하며 부적절감과 함께 시간을 살아왔습니다. 그럼에도 사회적으로나 경제적으로 이렇게 멀쩡하게 기능하도록 키워 준 어머니를 원망하거나 탓하면 너무 유치한 일처럼 느껴졌습니다.

수림 씨는 자신의 감정을 철저히 통제하며, 유능하고 잘 기능하는 사회적 인간의 모습을 보여 주기 위해 부단한 실천 속에서 살아왔습니다. 원하지 않지만 어머니 욕망의 대상으로서 살았지요.

수림 씨 어머니도 욕망이 한없이 커졌습니다. 먹어도 배부르지 않는 폭식증자와 같았습니다. 수림 씨가 아무리 열심히 해도 어머니는 만족할 줄 몰랐습니다. 그 속에서 빠져나오는 일은 이미 불가능했습니다. 수림 씨는 매일 아침마다 '이대로 살다가 죽겠구나' 하는 생각에 사로잡혔습니다.

수림 씨는 이미 많은 자원을 가졌지만 자원은 자신의 것이 아니었습니다. 자원이 빛을 발하려는 순간, 가로채어 가는 엄마에게 저항하듯 수림 씨는 자신의 역량을 축소시키기 일쑤였습니다. 무언가 하려고 능력을 발휘하려는 순간, 엄청난 저항에 부딪혀 자신을 축소시켰지요. 이것은 내 것을 가로챈 상대에게 잃어버린 자신의 것을 애도하는 일이자 복수입니다.

이러한 복수는 궁극에는 자신을 무너뜨립니다. 자신의 자원을 다른 대상이 가져가지 못 하게 하려는 부정적 애도이며 무의식적 복수입니다. 어머니의 폭식 궤도에서 떨어져 나오고 싶어서 행해지는 것이지요.

수림 씨 어머니가 딸을 단순히 욕망의 대상으로 여기는 일에 끝나지 않습니다. 그녀는 딸을 대상으로 자신의 근원적 상실과 일종의 거세를 딸의 자원을 흡입하는 것으로 대체하고 있었습니다. 그 대체물, 즉 산물이 된 딸은 어머니의 입, 이빨에 물려 옴짝달싹할 수 없는 상태라는 것이 핵심입니다.

대상들과의 관계에서 벌어지는 갈등과 질곡은 거리두기나 정서적 단절 등으로 일정 부분이 해결되기도 합니다. 하지만 수림 씨와 어머니의 관계는 멜랑꼴리 환자나 성도착증자에게 포획된 사물의 상태와 다르지 않기에 그 구조에서 의지만으로 떨어져 나오기가 어렵습니다.

타 는 듯 한
목 마 름

우리가 맛난 음식을 먹고 '아, 충분히 만족스럽다'라는 느낌을 받기란 쉽지 않습니다. '맛있기는 한데 조금 더 만족스러운 식사를 했으면' 하고 조금 더 맛있는 곳을 찾고 또 찾습니다. 수림 씨 어머니에게도 조금만 더, 조금만 채우면 어떤 온전한 만족에 도달할 수 있을 듯하다는 욕망이 가득했습니다. 그것이 딸을 지배하고 있었지요.

'좀 부족하지만, 모자라지만 충분했어'라고 말하지 못하는 어머니의 욕망과 그 어머니의 입맛에 맞추려고 끝없이 노력하는 딸은 궁극적으로 어머니의 폭식을 강화하기에 이르렀습니다. 만족하지 못한 어머니는 폭력과 폭언을 서슴지 않는 한순간의 폭군으로 돌변하기 일쑤였지요.

폭군이 된 어머니는 그런 자신의 모습에 우울하고, 그 기복 속에서 수림 씨는 마치 벼랑 끝에 매달린 벌레 같은 느낌을 받았습니다.

물론 어떠한 경우에도 아이는 어머니를 완전하게 만족시킬 수 없습니다. 그렇게 어머니와의 내밀한 공모에서 비롯한 구조와 욕망의 순환이 수림 씨를 더 이상 앞으로 나아가지 못하게 했지요. 오히려 무감각에도 끝없이 앞으로 나아가기만 해야 하는 수레바퀴에 갇혀 고통스러웠습니다.

수림 씨와 유사한 현상을 겪는 여성들의 경우, 두 가지 양상으로 나타나기도 합니다.

한 가지는 어머니 욕망의 산물로서 오직 어머니와의 에너지 교환 안에 갇혀 있을 수 있습니다. 어머니와 주고받는 리비도적 투자로 인해, 다른 대상 즉 이성에 대한 관심이나 사랑의 욕구가 생기지 않습니다. 그들은 매우 시니컬하며 마치 사랑은 이 세상에 존재하지 않고 무의미한 허상이라는 듯한 태도를 보입니다.

또 다른 한 가지는 어머니의 리비도적 투자 방식 그대로 이성에 반영하는 것입니다. 욕구를 아무리 채워도 차지 않아 끝없는 목마름으로 자신을 만족시켜줄 새로운 이성을 찾아 나섭니다.

여기에서 수림 씨가 할 수 있는 우선적인 실천은, 어머니에 대한 자신의 마음을 좀 더 명확하게 알아차리고 이해하는 것입니다. 무엇을 어떻게든 해결하고 벗어나기보다는 자신의 상태를 매 순간 알아차리고 정서적인 상태와 육체적 감각 사이에 간극이 어떤지 집중해야 합니다.

그 과정에서 내가 취한 충동의 회로에 인지와 이해가 일어
난다면 수용하려는 훈련이 필요합니다. 그 충동을 억제하거
나 압박하기보다는 수용하려는 과정만으로도 지난한 내적 에
너지와 노력이 들지요. 무엇을 바꾸고 변화하기에 앞서 나에
대한 촘촘한 이해와 그 이해에 따른 친해지기가 우선입니다.

증상으로서의
애도

"증상으로서의 애도는 멈추지 않는 곡소리를 내며 스스로 말라 가고
결국은 무엇을 위해, 누구를 위한 곡을 하는지도 모른 채
고통스러움을 지속하는 일과 같습니다.
과거 속에 영원히 갇힌 채 현재가 없어지지요."

분석실을 찾은 많은 사람은 자신이 얼마나 고통을 받아왔
는지, 얼마나 부당한 대우에 처했는지, 얼마나 보이지 않는
폭력 속에서 힘들었는지 끝없이 말합니다. 괴롭힌 타자는 대
부분 부모가 그 시작입니다.

우리는 집요하게 부모라는 끈을 놓지 않습니다. 그것은 부
모를 사랑해서도, 부모에 속박되어서도 아닌 우리 자신이 부
모라는 타자로 이루어진 전부이기 때문입니다.

분석가는 그와 같은 상태에 놓인 이를 위로하기도 하고, 지지하기도 하고, 그를 괴롭힌 타자들이 얼마나 잘못된 태도와 행위들을 서슴지 않았는지를 분절하고 분석해 돌려주기도 합니다. 하지만 이런 위로와 분석적 행위에도 고통이 끝나지 않는 이유는 그가 원망과 비난의 쏟아냄으로써 바라는 것이, 변화와 가벼워짐이 아니기 때문(무의식에서는)입니다.

반복되는 증상에 동조하고 지지하고 격려해서 고통으로부터 빠져나오도록 독려한다면, 매우 일차원적인 심리치료에 그치고 맙니다. 비난하고 원망하고 자신의 지난 상황을 끝없이 복기에는 애도가 필요하기 때문이지요.

대부분 자신도 모르고 반복하는 무의식적 애도를 합니다. 무의식적인 애도는 끝낼 수 없으며 대개 증상으로 나타납니다. 그 증상은 고착되고 체화됩니다. 체화된 익숙함 속에서 무의식적 쾌락이 생성되기도 합니다. 애도가 끝나지 않는 한 지속되고 반복되어 결국, 그 자신을 삼키고 주변 타자들까지 핍진하게 만듭니다.

가령, 부모로부터 착취를 당했던 자녀가 그 부당한 행위를 끝없이 소환하며 부모를 비난하지만, 결코 부모와의 융합을 단절하려고 하지 않습니다. 단절하지 못하는 이면에는 자식으로서의 도의, 죄책감, 부모의 일방성, 극단적인 선택의 가능성 등 무수한 알리바이가 있습니다. 알리바이는 단절로부터 방어합니다.

만약 변화나 새로운 경험, 삶으로 나아감이 아닌 그 자리를 계속해서 맴돌며 반복하기를 원한다면, 증상으로서의 애도를 반복하고자 하는 고집이라 할 수 있지요. 또는 충동이라고 볼 수 있습니다.

무의식을 탐색하는 일은 그 무의식이 절대적 무엇이 아니라 온통 타자의 그림자, 타자의 언어, 세계가 주입되거나 강제되었기 때문이라는 사실입니다. 또한 무의식을 전제한다는 뜻은 내가 생각하는 내가 진짜가 아닐 수도 있음을 받아들이겠다는 태도를 말합니다. 이것이 '생을 애도함'이고 조금씩 소멸해 가는 '생을 가장 잘 소비하는 실천'이기도 합니다.

과 거 에 서
빠 져 나 오 려 면

전통적 장례에서는 상주가 "아이고~ 아이고~" 하며 곡을 합니다. 상실과 이별, 애통함을 상징하는 행위이기도 하지요.

증상이 반복하며 발현되는 것 그리고 애도는 이 "아이고"를 멈추지 못하는 것과 같습니다.

상주는 곡하는 의례 행위가 끝나면 일상의 삶으로 돌아갑니다. 슬픔과 애통함을 상징적 의례 행위로 옮기고 나서부터는 망각하며 일상으로 복귀하지요. 증상으로서의 애도는 멈추지 않는 곡소리를 내며 스스로 말라 가고 결국은 무엇을 위해, 누구를 위한 곡을 하는지도 모른 채 고통스러움을 지속하는 일과 같습니다. 과거 속에 영원히 갇힌 채 현재가 없어지지요.

어떤 사람들은 과거를 지나치게 중요하게 생각하며 현재를 잃어버립니다. 어떤 사람들은 과거에 연연하면 못난 일이라고 오직 현재에만 집중하며 미래를 외면합니다. 또 어떤 사람들은 미래를 위한 준비와 설계만이 현명한 일이라 생각하며 현재를 잃습니다.

하지만 과거, 현재, 미래는 뫼비우스의 띠처럼 하나로 연결되어 있습니다. 과거에 집착하며 현재를 망각하는 사람도, 미래를 설계하며 현재를 놓치는 사람도, 오직 현재만을 집중하며 과거와 미래를 억압하는 사람도, 애도하지 못했거나 직면하려 하지 않기에 한곳에 고착할 수밖에 없는 것이지요.

뫼비우스의 띠가 자연스러운 흐름으로 순환하기 위해서 우리는 쉼 없이 우리 자신과 세계를 애도해야 합니다. 더 나아가 내가 무엇을 애도하는지를 알아야 합니다.

많은 분들이 정신분석을 받으러 오셔서 하는 말씀이 있습니다.

"나 자신에 대해 알고 싶어요."

그런데 정신분석을 이어 가다 보면 그 말뜻이 결국 '내가 원하는 나를 만나고 싶다'라는 사실을 발견합니다. '내가 원하지 않는, 내가 받아들일 수 없는 나는 알고 싶지 않다'라는 진실과 간극이 생기지요. 이것이 특정한 누군가에게 해당하거나 증상적 누군가에게만 해당하지 않습니다. 상상계적 나르시시즘을 기본적으로 장착한 우리 모두에게 정도와 강도의 차이만 있을 뿐, 다 적용되는 일이기도 합니다.

내가 하고 싶었지만 하지 못했던 말을 분석가라는 타자 안에서 찾아내고, 소외되고 탈락되었던 존재를 복원한다는 차원에서도 정신분석은 애도의 측면이 있습니다. 그렇지만 과거를 소환해 소외되었던 기억과 감정을 다시 배치하고 확인하는 과정은 고통스럽습니다.

단순한 정서적 애도가 아닌 책임과 선택 수용이라는, 또 한 번의 고통스러운 강을 건너야 합니다. 그런 애도의 과정을 지나면 무의식 충동에 지배된 욕망과 쾌락이 수면 위로 떠오릅니다.

애도는 온통 우리의 삶을 가득 채우고 있지만, 어떤 모습으로 어떤 증상으로 애도되는지 가늠하기가 쉽지 않습니다. 그렇지만 그토록 죽을 듯한 반복에도 끝은 있기 마련입니다.

보이지 않는
아이들

"우리가 겪는 고통과 상처는 남들과 크게 다르지 않습니다.
그 사실은 오히려 고정된 관념과 지배들로부터
자유로울 수 있는 기회를 맞게 합니다."

예전에 냈던 책들이 전자책으로 함께 발간되면서 해외에서
도 개인 분석 문의가 많이 들어옵니다. 분석을 진행하는 연령
대와 개인이 처한 심리적 상황은 각기 다르고 다양합니다. 하
지만 한국과의 시차를 극복하고 어렵게 분석을 진행하고자
하는 해외 거주자들의 마음도 절박하기는 매한가지입니다.
이들은 자기분석에 매우 진지한 태도를 보이지요.

저의 임상 경험을 토대로 해외에서 정착해 살아가는 많은

사람들의 심리 상태를 두 가지로 나누어 보게 되었습니다. 여기서는 유학이나 여행, 여러 통로로 외국으로 나가서 돌아오지 않은 사람들의 경우에 한하고, 가족이 모두 이주한 경우를 제외합니다.

이들의 심리 상태 중 하나는 부모로부터 심리적 집착과 유착이 강하지만, 의식적으로는 인지하지 못하는 경우입니다. 이들은 부모와 심리적 유착이 강한데 그것을 유착이라고 인지하지 못하고 해외로 이주합니다. 자신들은 그냥 해외가 좋고 외국 문화가 자신에게 더 맞다고 스스로 이해하는 경우가 많습니다.

다른 한 가지는 바로 방치되고 소외된 심리 상태입니다. 인비저블 차일드(Invisible Child)라는 말이 있지요. 이 용어는 있는지 없는지도 모른 채 고아처럼 방치된 상황에 처한 사람들을 일컫습니다.

서현 씨도 인비저블 차일드였습니다. 서현 씨는 한국의 견고한 가족주의가 무척 숨 막혔습니다. 한국에서 마치 어디에도 속하지 못한 이방인과 같은 경험을 했습니다. 서현 씨는 자신을 이방인으로 만드는 사회에서 탈출하기 위해 해외로 거주지를 옮겼습니다. 전혀 다른 언어와 인종들 사이에서 오히려 해방감을 느끼기도 하고 편안함을 느꼈다고 합니다. 내가 태어난 나라보다 다른 나라에서 이방인이 됨으로서 자신에 대한 소외와 낯설음을 덜 느끼는 것이지요. 그러나 그것도 그렇게 오래가지는 않았습니다.

서현 씨는 같은 한국인과 결혼해 가정을 꾸리고 겉으로는 원만하게 살았지만, 내면의 소외와 고립은 여전해서 모국어로 된 인터넷 기사나 책을 언제나 찾아보았습니다. 어디에도 온전한 소속이 될 수 없는 갈증과 갈등에서 벗어나려고 내밀한 발버둥을 계속 친 것이지요.

서현 씨는 모국과 모국의 문화를 도망치듯 떠나 새로운 문화와 관계 속에서 인비저블이 아닌 비저블 차일드가 되기를 소망했습니다. 하지만 이질적 문화 속에서 한 번 더 고립적인 인비저블 차일드가 되고 마는 상황에 놓였지요.

왜 그들은 소외당하는 걸까

좋은 부모 밑에서 태어나 겉으로 화목해 보이고 자신도 행복하다고 믿었던 사람들 중에도, 고립과 소외를 심하게 느끼는 경우도 많습니다. 아무리 훌륭한 부모라도 정작 부모와 자녀 사이 접촉이 제대로 이루어지지 못하면 무척이나 어려워합니다.

부모가 '자신은 좋은 사람이고 더없이 노력하는 좋은 부모'라는 신념이 깔려 있다면, 그 속에서 소외되는 자녀의 고통이나 불안은 좀처럼 읽기 어렵습니다.

반대로 부모가 스스로 부적절감으로 자녀에게 죄책감을 느끼는 경우에도 비슷합니다. 좋은 부모가 아니라는 생각에 천착해 정작 아이는 또 소외되기가 쉽지요. 두 경우 모두 부모가 자신들의 모습에 빠져 있고, 현상만 다르게 드러나는 상태입니다.

타자가 읽어 내지 못한 욕구, 그래서 욕구를 충족받지 못한 아이(주체)는 스스로 자신을 읽어 내지 못한 어른으로 성장하게 됩니다. 소외가 또 다른 소외를 낳는 것이지요. 부족하지 않은 환경이지만 내적 정체성이 고아와 다르지 않은 경우가 생각보다 많습니다.

보이지 않는 아이들은 성장한 뒤에도 결혼이나 이성 관계에 관심을 두기보다 반려동물을 여러 마리 키우며 자신의 목숨보다 동물에게 애착을 보이며 생활하기도 합니다. 소외되고 방치되었던 나를 돌보는 하나의 애도이지요. 내가 어떤 정체성으로 무엇을 하는지 의식하지 못한 채로, 돌보지 않았던 자신을 돌보기를 쉼 없이 하는 것입니다.

그들에게 반려동물은 말 그대로 반려동물의 차원이 아닌, 목숨보다 더 강한 애착을 투사하는 자기대상(자신의 요구에 반응하면서 그 역할과 기능을 수행하는 대상)이 됩니다. 반려동물에 빠지지 않는 경우에는 공동체나 단체 등에 사로잡히듯 몰입해 리더들을 절대적으로 믿고 헌신하기도 하지요. 그들에게 리더는 이상적이고 온전한 부모상이 투사된 존재입니다.

이렇게 보이지 않는 아이들은 소외됨으로 인해, 성인이 된 뒤에도 타인들로부터 착취 구조에 쉽게 놓입니다. 착취를 겪는 사람들은 혼자라는 사실에 매몰되어 타인들로부터 오는 침범이나 착취에도 선을 긋거나 경계를 세우기를 몹시 어려워합니다. 그것이 자신을 매우 곤란하게 하는 상황에 이르러도 어떤 '연결감'을 쫓으며 현실을 현실로 보지 못하지요.

그러다가 믿음을 주어도 될 것 같은 어른스러운 사람이나 환경을 만나면 무서울 정도로 매혹되고 사로잡힙니다. 사이

비 종교나 신앙에 과도할 만큼 빠져들기도 하지요. 그들은 거절을 잘하지 못하는 특징을 보이기도 해서 친구 관계나 동료들과의 관계에도 과도한 애착을 보이곤 합니다.

아버지의
자궁

혜지 씨는 대학을 졸업하고 워킹 홀리데이로 호주에 나갔다가 한국으로 돌아오지 않았습니다. 호주에서 호주 사람과 사랑에 빠지고 결혼까지 해 정착했지요. 혜지 씨는 한국에 있을 때보다 오히려 마음이 더 편하고 자유롭다고 느꼈습니다. 연상의 백인 남편은 그녀를 완전하게 지켜 주었고요.

혜지 씨는 그와 있으면 다른 아무것도 생각나지 않고 완벽한 편안함과 안락함을 느꼈습니다. '이렇게 좋을 수 있을까? 이렇게 행복해져도 되나?'라는 마음을 느끼면서 말이지요. 그렇게 7년 정도를 함께 살며 부족함 없이 만족스런 생활을 이어 갔습니다. 혜지 씨에게 어떤 사건이 찾아오기까지는 말이지요.

어느 날, 혜지 씨가 유치원 교사로 일하는 곳에서 한 아이가 성추행을 당한 사건이 발생했습니다. 그 사건으로 인해 경찰 조사 등 법적 절차에 참여했습니다. 혜지 씨는 자신이 맡은 반 아이를 보호하고 아이의 피해를 증명하기 위한 투쟁에 들어갔습니다.

참고인 자격으로 법적 절차를 밟는 동안 자신이 그토록 강력한 보호자라고 믿었던 배우자는 혜지 씨의 일에 소극적이고 미온적인 태도를 보였습니다. 성폭행이 아닌 추행이니 일을 너무 복잡하게 만들지 말고, 적당한 처벌을 주는 것에서 마무리 지으라고 말했지요.

남편은 매우 합리적이고 이성적인 모습으로 그 일에 대처하는 듯 보였지만, 혜지 씨는 엄청난 사건과 고통에 논리만 내세우는 남편의 모습에 절망하고 충격을 받았습니다. 지금까지 '내가 믿고 의지했던 사람이 이 사람이 맞나?' 하는 의구심과, 지금까지 남편을 잘 알고 있다고 생각했던 마음이 흔들렸습니다.

저는 혜지 씨의 상태를 '아버지의 자궁을 깨달았다'라고 표현했습니다. 지금까지 혜지 씨가 안락함과 온전함이라고 믿었던 세상은, 완전한 보호와 강력한 애착과 친밀함을 동시에 제공하는 아버지의 자궁과 같은 곳이었다고 말이지요.

실제로 남편이 그런 사람이었는지 아니었는지라는 사실보다도, 혜지 씨가 강력히 소망한 표상이 남편에게서 강력한 빛을 발했다는 점이 중요합니다. 혜지 씨는 7년이라는 시간을 그 안온함 안에서 행복할 수 있었지요. 이상적 보호와 친밀한 애착이 있는 자궁의 양분을 얻으며 나만의 무덤 안에서 안전하게 지냈습니다. 하지만 이제 그렇게 보이지 않는 아이였던 그녀에게 애도의 시간이 찾아온 것입니다.

유치원 아이에게 성추행을 가한 남성은, 혜지 씨에게도 아버지뻘인 백인 남성이었습니다. 실제 폭군 모습을 한 아버지가 등장하면서 혜지 씨는 혼란스러웠습니다. 그리고 더 이상 남편이 완벽하게 나를 지켜줄 수 없다는 것, 내가 꿈꾸던 환상을 유지시켜 주지 않는다는 현실을 마주하며 불안에 압도되어, 멀리서 저에게 분석을 청해왔던 것이지요.

혜지 씨가 어떤 환상 안에서 무의식적 애도에 들어가 있는 동안에는 남편이 나약하고 미약한 모습을 보인다고 해도, 혜지 씨는 인지하지 못했을 것입니다.

혜지 씨는 매우 차분하고 영민한 모습으로 차근히 자신의 상태를 탐색하고 수용했습니다. 지난 7년 동안 무엇을 원했었는지, 결혼생활은 어떤 의미였는지, 그 결혼은 더 뒤로 돌아가 어떤 여자아이의 소망에서 비롯되었는지를 꼼꼼히 지각해 나갔습니다. 그리고 더 이상 남편이 환상이 투여된 사람이 아니라는 사실을 자각해 나갔습니다.

혜지 씨는 혼란과 두려움을 느끼며 탐색해 나갔습니다. 진짜 남편을 만나기 시작한 것이지요. 자신이 생각했던 사람은 오히려 그를 소외시키는 혜지 씨만의 환상이었을 수 있다는 자각도 함께요.

혜지 씨는 자신이 생각했던 사람이 아니어서 그와의 관계를 끝내고 싶은 것이 아니라, 이제야 비로소 현실적인 '남편'이 생긴 것 같다고 말했습니다. 그녀는 허탈하게 웃고 잃어버린 아버지를 애도하며 울었습니다.

태연하게 놓일 수 있다

우리는 스스로 무언가 남다른 고통이나 유별난 점이 있다고 믿습니다. 물론 그런 디테일한 차이들이 개인의 삶 곳곳에 묻어 나기도 합니다. 하지만 또 하나 생각해야 할 것은 무의식적 환상이나 상처와 욕망, 소망들마저도 인간의 문명과 그 시대 문화의 지배를 받는 보편성으로부터 떨어져 있지 않다는 것입니다.

우리가 겪는 고통과 상처는 남들과 크게 다르지 않습니다. 그 사실은 오히려 고정된 관념과 지배들로부터 자유로울 수 있는 기회를 맞게 합니다. 내가 묶여 있는 고리가 절대적인 어떤 고통이나 사슬이 아니라는 점은, 그것들로부터 또 태연하게 놓이도록 하기 때문입니다. 그렇기에 혜지 씨의 이야기는 어떤 한 사람만의 애도가 아니라 이 책을 읽는 우리 모두의 애도가 될 수 있는 것이지요.

3장

상실을 극복하는 방법

애도의 실천

빈 곳을
채우다

"모든 사람이 추구하는 '행복'이 존재한다고 믿지 않습니다.
오직 이 순간 내가 만족스러운지 불만족스러운지,
더 나아가 내가 불행을 느끼는지가 실재라고 생각합니다."

효현 씨는 인문계 고등학교 교사입니다. 요즘 말로 하면 그
녀는 유능한 일타강사입니다. 존경스러울 만큼 수업 준비에
열정적이고 어떻게 하면 아이들에게 쉽게, 귀에 쏙쏙 들어오
게 수업을 할지 늘 고민합니다.

저와 함께하는 분석 시간 또한 열정적이어서 그녀의 말을
듣는 일은 언제나 흥미진진했습니다.

어느 날, 효현 씨는 이런 표현을 했지요.

"선생님, 저는 온 힘을 다해 아이들 앞에 서요. 마치 가수가 무대에 서는 공연을 준비하는 것 같아요. 그리고 잘 준비된 퍼포먼스를 하고 내려오면 그렇게 뿌듯하고 즐거울 수가 없어요."

그녀에 대한 아이들의 평가도 비슷했습니다.

"어떻게 하면 선생님처럼 공부할 수 있을까요?"
"저도 선생님처럼 되고 싶어요!"

효현 씨는 어린 시절, 어렵게 혼자서 공부했습니다. 임용고시를 준비할 때도 지난하고 힘겨운 과정을 보냈습니다. 그렇기 때문에 자신이 가르치는 아이들에게는 고된 과정을 줄여주려고 고민하고 또 고민하며 수업을 준비했지요.

그래서 아이들은 효현 씨의 수업을 무척이나 좋아했습니다. 그녀는 교사로서뿐만 아니라 신앙생활도 열심이어서 꼭 두새벽에 일어나 빠지는 날 없이 말씀을 묵상했습니다. 그러고 나서 수업을 준비하고 출근을 했습니다. 퇴근하고는 엄마로서 아이를 제대로 돌보기 위해 또 헌신을 다했지요. 그런데 이런 그녀의 열정과 열심은 시간이 갈수록 강박적인 규칙처럼 그녀를 조금씩 옥죄어 왔습니다. 결국 분석을 받아야겠다는 결심을 하고 저를 찾아왔지요.

효현 씨는 이미 오래전에 심리상담을 받았고, 그때 정서는 충분히 돌보았다고 스스로 판단했습니다. 정신분석을 받으며 현재 일상에서 일어나는 강박적 상황만 잘 해결하면 삶은 온전해질 것이라 믿었습니다.

대부분 분석을 시작할 때 혼란과 방황 속이거나 갈등 속에서 갈피를 잡지 못해 고통을 호소하는 사람들이 많은데 효현 씨는 오히려 어떤 확신 속에서 분석을 요청하는 모습이 무척이나 인상 깊었습니다.

개인 분석을 진행하고자 하는 이유조차도 그녀는 잘 정리된 규칙의 일환으로 삼았기 때문이지요. 그런데 그런 그녀의 확신과 자신감은 얼마 가지 않아 송두리째 흔들리고 표류하며 방황했습니다. 그녀는 누구보다 성실하고 열심히 삶을 살며 여러 방면으로 끊임없는 통찰과 깨달음을 얻었다고 믿었습니다.

효현 씨가 얻은 깨달음과 통찰로 자신은 좀 더 나은 인간, 좀 더 높은 가치를 추구하는 인간이라고 믿고 확신하고 있었지요. 그런데 많은 규칙을 세우고 규칙을 달성하면서 얻었던 것들이 진정한 통찰과 깨달음이기보다 빈 포도 알갱이 그림 위에 포도 한 알을 채우는 일과 다름 없다는 사실은 그녀를 충격에 빠뜨렸습니다. 그저 만족과 쾌락의 일부였지요.

"그것이 단순히 쾌락이었다니!"

통찰을 대할 때는 태도와 방식이 중요합니다. 깨달음이나 통찰한 내용을 깊이 곱씹고 숙고하며 체화해 가야 합니다. 효현 씨도 그랬다면 다른 결과에 다다랐겠지요.

효현 씨가 통찰과 깨달음을 대하는 방식은 마치 도장 깨기처럼 삶에 대한 진리들을 끝도 없이 하나씩 하나씩 깨다가 어떤 온전성에 도달하리라는 환상입니다. 그런 환상이 문제가 되는 것도 아닙니다. 우리 삶은 환상이라는 고리로 연결되지 않으면 정상적인 순환을 할 수 없으니까요. 그녀가 그것에 도달하는 과정에서 어떤 에너지에 압도되어 삼켜질 듯한 순간이 도래했다는 점이 중요합니다.

본질에
눈을 뜨는 일

분석 과정에 집중하면서 효현 씨는 생각이 많이 바뀌는 경험을 했습니다. 내적 성취나 영적인 우월감에 사로잡힌 자신을 좀 더 객관적으로 보기도 했습니다. 자신의 경험을 수업과 연결짓기도 했습니다. 점수를 잘 받기 위한 수업이 아니라 좀 더 본질적인 존재에 다가가기 위한 질문에 집중하는 수업을 준비해서 진행했습니다. 효현 씨는 정신분석을 적용한 수업을 진행하면서 그동안 알았던 학생들의 반응과 사뭇 달라진 현상을 경험했다고 합니다.

효현 씨 수업이 내신과 시험에 직접적인 연관이 없다고 파악되자마자, 우등생들은 엎드리기 시작했고 2년 내내 수업 시간에 멍 때리거나 엎드려 공부에 열의를 보이지 않던 무기력한 아이들은, 일어나 앉아 눈에 불을 켜기 시작한 것입니다.

효현 씨의 이야기를 들으면서 정신분석의 창으로만 세상을 볼 줄 아는 저는, 매우 흥미진진하다는 생각이 들었습니다.

라깡주의 라까니언 프락시스(Lacanien praxis)의 관점으로 보면 대타자의 명령에 순응하고 철저히 복종하는 아이들은 근원적 자기(Self)에 대한 이야기가 나오자 흥미를 잃기 시작하

고, 대타자의 명령에 순응하지 못해 세상의 눈에는 뒤떨어져
보였던 아이들은 눈을 반짝이기 시작했다는 뜻이 됩니다.

우등생들은 명령에 순응해 공부도 잘하고 승승장구하고 성
공을 이룰 테지만, 그것이 진정으로 행복한 길인지는 담보할
수 없습니다. 모두가 승인하고 모두가 인정하는 보편적인 성
공이기 때문에, 절대 다수의 우리는 그것으로부터 이탈하지
않고 잘 따라야 후회 없는 삶이라고 학습했을 뿐입니다.

세상의 규칙과 질서에 순응하지 못해 뒤떨어져 보였던 그
아이들이 자기 자신의 존재에 대한 질문과 물음에 고개를 들
기 시작했습니다. 그들은 자기 자신에 대한 관심마저 놓아 버
린 죽은 자들이 아니라는 점은 분명해 보였지요.

물론 '공부에 흥미를 잃은 아이들은 다 자기 주체에 진정한
관심을 가진 아이들이다'라는 논거는 성립되지 않습니다. 그
런 식의 논법은 옳지도 않습니다. 다만 적어도 그 흥미로운
장면은 주체로서 대타자적인 삶을 사는 우리의 근본적인 한
장면을 드러내는 것임에는 틀림없어 보입니다. 그래서 정신
분석은 주류를 이루는 사람들의 것이 아닌, 보편성 속에서 진
정한 자기 소외를 적극적으로 수용할 수 없는 자들의 것인지
도 모르겠다는 생각을 합니다.

여기서 주류는 사회에서 말하는 주류는 아닙니다. 분석을 요청해 오시는 분들의 절대 다수가 사회에서는 고위층이나 전문직에 계신 분들입니다. 남들이 다 부러워할 만한 지위와 사회적 성취를 이루었음에도 굳이 분석을 청하는 이유 또한 한 개인이 얼마나 소외되어 있는지를 보여 주는 현상이기도 합니다. 보편성을 다른 말로 하면 세속적인 것이지요. 누구나 인정할 수 있고 누구나 좋은 것이라고 수긍할 수 있지만, 그 누구의 것도 아닌 것이 보편성의 함정이지요.

감았던 눈을 뜬 아이들은 어떤 방향으로든, 어떤 방식으로든 자신에 대한 물음에 새롭게 마음을 연 계기가 되었을 것 같습니다. 마음을 열고 눈을 뜬 아이들이 어느 지점에서 어떤 새로운 창을 열지는 알 수 없는 일입니다. 하지만 자신이 경험하고 깨달은 삶의 통찰을 나누는 열정적인 선생님을 만난 일은 우연 속에 깃든 즐거운 행운이 아닐까 싶습니다.

삶에 만족한다는 것

10여 년 전에 중학교 상담실에 나간 경험이 있습니다. 그때

상담실을 찾던 아이들은 학교에서 무리를 지어 다니는 꽤 말썽쟁이 남학생들이었지요. 저는 그 아이들과 상당히 즐겁게 지낸 기억이 있습니다.

무리 중에서 10여 년이 지나 20대 중반이 된 지금도 저를 찾아오는 녀석들이 있습니다. 그중 한 아이는 중식당 매니저로 일하고 있었지요.

이 아이는 자신이 일하는 식당으로 꼭 오라고 여러 차례 연락을 했습니다. 저는 어느 날 그 아이를 찾아갔지요. 학창 시절, 가출도 많이 하고 도무지 사회생활에 적응할 수 있을지 여러 어른들이 회의적으로 바라보았던 아이였습니다. 이 아이가 굳이 저를 초대해 보여 주고 싶었던 것은 무엇이었을까요?

모두가 사회에 부적응할 것이라 예측했던 시선을 아이도 알고 있었겠지요. 부모도, 선생님도 주변의 누구라도 이 아이에게 잘 살고 있다고 승인하고 독려하는 어른의 시선이 꼭 필요했는지도 모르겠습니다.

아이는 쑥스러운 듯 맛있는 요리를 대접해 주고 이런저런 살아온 이야기를 나누다가 저에게 이런 말을 남겼습니다.

"선생님, 저는 지금에 만족해요. 좁지만 작은 방도 있고 곧 차도 살 수 있을 것 같아요. 제가 벌어서 제 일상을 유지할 수 있는 것만으로 저는 충분히 만족해요."

누군가는 더 큰 욕망, 성공을 꿈꾸지 않는다고 생각할 수도 있겠습니다. 어쩌면 더 멋지고 훌륭한 직업을 가지고 더 많은 능력을 가진 친구에게 뒤처질지도 모르겠습니다. 그런데 이 녀석은 정작 그런 것들에는 관심이 없어 보였습니다.

자신이 불행한지 만족스러운지에만 집중하는 듯이 보였고 저는 그 모습에 온 마음으로 동의와 공감을 보내고 싶었습니다. 더욱이 '행복'이라는 말 대신 '만족'이라는 말을 써서 더 제 마음에 와닿았던 것 같습니다.

저는 모든 사람이 추구하는 '행복'이 존재한다고 믿지 않습니다. 오직 이 순간 내가 만족스러운지 불만족스러운지, 더 나아가 내가 불행을 느끼는지가 실재라고 생각합니다.

저는 그 아이의 손을 꼭 잡고 "잘 살아"라고 말하며 헤어졌습니다. 자주 안부를 묻거나 소통하지 않았지만 이 아이에게는 자신의 뒤에 어른이 있다는 사실이 필요했을지도 모르겠습니다.

저라는 사람은 점점 더 희미해지고 닳았던 미미한 끈마저도 언젠가 사라져 없어지겠지요. 그래도 하나의 기표가 아이들의 마음에는 남게 되겠지요. 그 기표는 '실제'로는 아무도 없는 세상에 혼자가 아니라는 '실재'를 남길 것입니다. 제 기억 속에도 그 녀석은 아름다운 청년으로 남을 것 같습니다.

죽은 자를
그리다

"정신분석적 관점에서 기억을 소환해
그 기억들을 즐겁게 희화화해서 말하는 행위는
이미 죽은 자를 즐겁게 애도하는 행위이기도 합니다."

작년 여름에 아버지가 돌아가셨습니다. 수도원을 나온 뒤
로 가족과는 일 년에 몇 번씩을 만난 것이 전부였기에, 아버
지가 돌아가시고도 고향에는 아버지가 있는 듯한 느낌이 들
었습니다. 그러다 문득 '아버지가 없구나……', '이제는 볼 수
가 없구나……'라는 자각이 들면, 불쑥 눈물이 흐르기도 합니
다. 아버지와 힘겨웠던 기억은 사라지고 묵묵히 같은 자리에
서 늘 기다리시던 아버지를 떠올리게 됩니다.

그런 날 저녁은 집으로 돌아가 남편과 제 어린 시절의 아버지와 보냈던 일화들을 이야기하고는 합니다. 다정하지 않고 무심했던 아버지의 모습을 희화화해서 즐겁게 이야기합니다.

정신분석적 관점에서 기억을 소환해 그 기억들을 즐겁게 희화화해서 말하는 행위는 이미 죽은 자를 즐겁게 애도하는 행위이기도 합니다. 이미 사라지고 없지만 우리에게 남겨진 죽은 자의 표상을 지금의 방식으로 다시 소환하며 그 상실을 애도하는 것입니다.

상실한 자를 가장 잘 보내는 방법은 충분히 말하고 충분히 그리워하는 것입니다. 그 말하기가 분노와 원망이어도, 그리움과 슬픔이어도 잃어버린 자에 대한 말하기는 그 자체로도 충분한 애도의 의미가 있습니다. 성급하게 보내려 하지도, 애써 붙들지도 않은 채로 삶과 죽음 사이의 연결 고리 안에서 조금씩 상실에 익숙해져 갑니다. 그렇게 삶은 무거워졌다가 가벼워졌다가를 반복하면서 길 끝에 닿겠지요.

애도 행위 중 중요한 하나가 밤사이에 꾸는 꿈이기도 합니다. 아버지를 대장암으로 보내고 몇 달이 지난 뒤에 어떤 꿈을 꾸었습니다.

꿈속에서 아버지와 어머니 그리고 저는 병원에 있었습니다. 그런데 암을 선고 받은 사람은 아버지가 아니라 저였습니다. 꿈속에서는 제가 암이라는 진단을 받고 안심을 했습니다. 아버지를 다시 살려내고 싶은 소망을 꿈속에서 이룬 것이지요.

꿈에서 깬 뒤의 작업이 더 중요합니다. 꿈속에서 아버지를 향한 소망을 실현하는 것은 중요하지 않습니다. 꿈에서 깬 뒤, 내가 그 꿈을 꾼 것이 아버지를 다시 살려내고 싶은 소망이었음을 스스로 읽어 주고 알아주는 것이 중요합니다. 그 꿈을 꾼 이유는 아버지를 잃은 것에 대한 아쉬움을 보상하고 있었다는 사실입니다. 결국 내 마음을 '내가' 알아주고 읽어 주는 것이 가장 중요한 애도 작업 중에 하나입니다.

이런 반복적인 작업들은 애도의 과정 중에 많은 감정들을 경험하게 하는 매우 유의미한 과정들입니다. 그렇게 우리는 하나씩 상실을 경험하고 받아들이고 또 놓아 주는 것이지요. 마음껏 그리워하지 못해서, 마음껏 원망하지 못해서 끝끝내 놓이지 못한 것이 우리를 붙들고 끝없이 도래하는 것이 증상입니다.

애도 되지 못한 증상이 우리의 삶을 삼키지 못하도록 다른 누구도 아닌 바로, 내가 나를 읽어 내는 과정이 필요한 것이지요.

살아 남은 자를 위한 기도

가톨릭의 미사는 제사 행위입니다. 매일의 미사(제사)에서 사제가 예수의 몸을 상징하는 밀떡(제병)을 신자들에게 나누어 주며 예수의 정신과 예수의 삶을 나누어 먹습니다. 그 의례 행위는 우리가 믿고 따르는 사람과 정신을 먹고 나누어 우리 안에서 체화하는 상징화 작업이지요. 그래서 모든 상실한 것에는 개인마다 의례 행위와 상징적 행위가 반드시 필요합니다.

우리가 행하는 모든 애도의 의례 행위는 죽은 자를 위한 것이 아니라 살아 있는 우리 자신을 위한 것입니다. 죽은 자를 위한 기도와 염원들이 여러 종교적인 의미가 있을 수 있으나 그 본질은 남아 있는 자, 산 자를 위한 애도입니다.

우리가 사랑했던, 우리가 애증하고 원망했던 죽은 자를 충분히 먹고, 충분히 나누어야 그들은 산화되어 더 이상 살아 있는 우리의 삶에 침범, 귀환, 도래하지 않습니다. 증상적 귀환과 침범적 도래가 아니라 우리 속에서 일부로, 부분으로 함께 살 수 있습니다.

마음껏
애도할 권리

"고통을 겪는 가족들도, 그들과 연결된 주변의 사람들도 누군가를
잃었을 때 잃은 사람을 위로하고 함께 애통해야 합니다.
그래야 그 고통에서 함께 빠져나올 수 있습니다."

고등학교 3학년 경수는 스스로 목숨을 끊었습니다. 경수 친
구 민규는 친구를 잃은 충격과 슬픔을 어떻게 다루어야 할지
를 몰라 저를 찾아왔습니다.

민규는 어제까지 함께 투닥거리던 절친한 친구가 갑자기 사
라져 버렸다는 사실에 믿을 수 없어 했습니다. 친구의 부재가
믿기지도 않는데 그 부재를 어른들이 비밀스럽게 처리하려 했
다는 사실에 더 충격받고 고통스러워했습니다.

경수는 어느 날 갑자기 학교에 나오지 않았고 연락이 닿지 않았습니다. 선생님들은 경수가 아파서 등교가 어렵다고 말했습니다. 일주일이 될 즈음, 주변 친구들 사이에서 경수가 스스로 목숨을 끊었다는 소문이 돌았습니다.

민규는 그 소문에 큰 충격에 휩싸였지만 사실을 알 수 없어 더 혼란스럽기만 했습니다. 학교 담임 선생님은 경수에게 슬픈 일이 일어났고 힘들지만 잘 수습하고 평소처럼 지내는 것이 경수를 위한 것이라고만 다독였습니다.

민규가 알고 지낸 경수는 학교에서 밝은 친구였고, 성적을 올리기 위해 공부도 열심히 하던 아이였습니다. 민규는 경수가 성격은 조용조용했지만 친구들과도 잘 어울리는 친구였다고 말했지요.

경수는 어떻게 느꼈는지 몰라도 민규는 경수를 반에서 가장 친한 친구라고 생각하며 매일 투닥거리며 지냈다고 합니다. 그런 경수가 어느 날 갑자기 사라져 버린 것입니다.

민규는 혹시 매일 붙어 다니던 경수에게 자신이 무슨 상처를 주지는 않았을까 하고 반추하며 후회했습니다. 더 잘 대해 줬다면 경수가 그런 선택을 안 했을지도 모른다고 강박적으로 되뇌이며 고통스러워했습니다.

국화꽃을 놓을
시간이 필요했다

친구들은 알 수 없는 경수 혼자만의 내밀한 고통과 서사가
있었겠지요. 하지만 친구인 민규에게는 또 다른 사건입니다.
아무리 어른들이 민규에게 그것은 네 잘못이 아니고 경수의
선택에 어떤 책임도 없다고 말해도, 그것은 무의미합니다. 민
규가 겪는 충격과 트라우마적 상황은 단지 친구의 죽음 때문
만이 아니라, 죽음과 상실을 애도할 기회를 빼앗긴 데서 오는
혼란과 고통이 더 크기 때문입니다.

누구보다 큰 충격과 고통을 겪는 사람들은 가족일 것입니
다. 그럼에도 좀 더 넓은 차원에서 경수의 죽음은 비밀에 부쳐
져서는 안 되는 일이었습니다. '어른들의 보호'라는 명분하에
이루어진 침묵의 지시는 한 존재가 마법처럼, 연기처럼 사라
져 버린 무서운 일이었으니까요.

경수는 학교에서는 어느 담임 선생님의 학생이었고 또래 친
구들 중 한 구성원이었습니다. 그럼에도 그 구성원들은 친구
와 제자의 죽음에 제대로 애도할 수 없었고, 그 기회조차 갖지
못했습니다.

경수의 부모님들은 경수의 자살을 비밀에 부쳐달라고 학교에 요청했고, 학교는 모든 것을 함구하도록 조치했습니다. 이 고통스러운 비극 앞에서 무언가를 단단히 보호하고자 하는 사람은 어른들인 듯 보입니다.

민규는 친한 친구를 잃었는데 빈소조차, 발인조차 볼 수 없었다는 사실이 너무도 억울하고 분했습니다. 도무지 믿을 수도 받아들일 수도 없었습니다.

이것은 어른이 아이들을 위한다는 명분으로 친구의 빈소에 국화꽃 한 송이마저 놓을 수 없는 상황이었습니다. 애도의 기회를 빼앗은 것이지요.

부모의 충격과 요청 앞에서 학교는 그럼에도 경수를 애도하고 추모할 수 있는 장을 만들어 달라고 요청했어야 합니다. 친구들이 경수를 보낼 수 있는 상징적 절차를 밟을 수 있도록 말이지요.

한 소년의 죽음 앞에서 가족들의 마음과 고인을 숨기고 보호하려는 마음은 충분히 이해합니다. 하지만 생각해 보면 그 명분 뒤에 숨어 한 번 더 무책임하고 잔인한 태도를 보인 것은 아니었는지요.

누구를 위한
보호였을까?

담임 선생님의 말처럼 아무 일 없었던 듯 잘 지내는 것이 정말 떠난 경수를 위한 일인지는 확신할 수 없습니다. 어쩌면 아이의 극단적인 선택이 부모와 학교 어른들에게 혹 책임이나 비난이 돌아가지 않을까 하는 두려움과 자기 보호였을지도 모릅니다. 아이가 스스로 목숨을 끊을 만큼 누군가 잘못하지 않았을까 하는 의심과 질책의 시선들로부터 빠져나가기 위해, 모든 통로를 차단해 버린 것일지도 모르지요.

우리에게 뜻하지 않은 충격적인 비극이 일어날 때 우리가 보이는 가장 원초적인 모습은 자기방어입니다. 그리고 그 원초적인 자기방어의 가장 빠른 선택이 회피입니다. 비극적인 상황에서 벌어지는 회피를 누구도 비난할 수는 없습니다.

그럼에도 우리는 우리 앞에 벌어진 비극과 사태에 대해 고민하고 고통을 직면해야 할 삶의 과업이 있습니다. 그것이 실존의 책임이기 때문이지요. 극단적인 비극은 문제가 있는 남의 이야기가 아니라 나에게도 언제나 돌발적으로 일어날 수 있는 일이기 때문입니다. 그것은 단지 타자의 비극이 아니기 때문입니다.

비극이 일어날 때 아이들은 심한 충격을 받을 수 있습니다. 그 충격을 충분히 겪도록 함께 버티고 받쳐 주는 것이 어른이 할 책임이지요. 부모의 미성년 자녀에 대한 권리가 그 자녀가 속한 집단과 교우관계마저 지워버리고 무화시켜도 되는 권리는 아닙니다.

학교에서는 집단이 요동치지 않도록 아이들을 진정시키고 억압하는 일이 아니라, 구성원들이 충분히 죽음에 대해 말하고 슬픔과 상실을 상징적으로 애도할 수 있도록 기회를 만들어 주어야 합니다.

부모의 이름으로 행했던 권한과 조심스러움이, 사라져 간 존재를 한 번 더 무화시키고 소년과 맺었던 여러 친구들에게는 폭력이 되는 것은 한순간입니다.

고통을 겪는 가족들도, 그들과 연결된 주변의 사람들도 누군가를 잃었을 때 잃은 사람을 위로하고 함께 애통해야 합니다. 그래야 그 고통에서 함께 빠져나올 수 있습니다.

우리가 겪는 슬픔과 비극이 상징화할 수 있도록 허용되고, 애도할 수 있도록 허용되어야 상처나 트라우마가 아닌 삶의

한 질곡으로 자리매김할 수 있습니다. 제대로 자리매김하고 위치를 잡으면 증상으로 도래하지 않을 수 있습니다. 증상이 아닌 기억과 상처로 우리 안에 자리할 수 있도록 허용되어야 하는 이유입니다.

어떠한 방식이든 누군가를 잃었다면 그 잃은 자를 충분히 애도할 권리는 누구에게나 있습니다. 소리 내어 울 수도 있어야 하고 자유롭게 의문을 품을 수도 있어야 합니다. 자꾸만 입을 다물라고 한다면 누구를 위한 침묵인지를 생각하지 않을 수가 없지요.

누군가에게 비난과 책임이 돌아간다면 그것을 받아들이는 것도 어른들이 감수해야 할 책임입니다. 우리가 사라져 간 사람들에게 하지 않은 것이 무엇이었는지, 무엇을 했는지를 살피고 직면하는 것이 슬픔을 이겨내는 가장 건강한 애도입니다.

민규를 비롯한 친구들은 경수의 극단적인 선택보다 어느 날 갑자기 사라진 친구를 애도할 수 없었다는 사실에 더 큰 충격을 받았습니다. 누구의 권한으로 우리는 아이들의, 타자의 그런 권리를 박탈한 것일까요?

부모의 결정과 학교의 협력에서 생을 마감한 소년도 그 소년의 친구들도 철저히 소외되어 있었습니다. 아이가 존재했던 그 여러 관계를 모두 부정하고 무화시키는 일이었습니다. 경수는 그 자리에서 분명하게 존재했음에도 말입니다.

민규는 갑자기 지워진 경수를 놓아줄 수가 없습니다. 아무것도 모른 채 경수를 위해 잘 지내야 한다는 말은 오히려 민규의 가슴을 더 옥죄게 만들 뿐입니다.

연대의
애도가 필요한 이유

상담실에서 민규는 고통스러워했고, 두려워했습니다. 갑자기 사라진 친구를 보며 마치 자신도 함께 사라질 것 같은 공포와 불안을 경험했습니다. 그런 민규에게 저는 어른들이 무엇을 하지 않았는지, 무엇을 해야 했는지를 명확하게 이야기했습니다. 또 우리 어른들의 나약함과 미약함에 대해 고백하고 사과했습니다.

친구, 자녀, 지인의 죽음이 아무리 충격적인 방식이었다 하더라도 우리는 그것을 맞닥뜨리고 그 충격과 슬픔을 제대로 경험하고 겪을 수 있어야 합니다. 사실을 알리고 그 결과가 충격과 흔들림이더라도 그것을 충분히 겪어낼 수 있도록 단단히 지탱하며 버티어 주는 것이 연대입니다.

우리는 개인이지만 사회 속에서 결코 혼자가 아니기 때문입니다. 어떤 이유에서 어떤 선택을 하고 어떤 일이 일어나도 우리는 그 일을 대면하고 겪어야 할 책임과 권리가 함께 있습니다.

제대로 애도할 수 있을 때, 충분히 애도해야 합니다. 슬퍼할 수 있을 때, 충분히 책임지고 겪어 낼 때 그 어떤 비극에도 우리는 다시 설 수 있고 남은 자들은 새롭게 살아갈 수 있습니다. 부재는 사라져 없어짐이 아니라 분명히 존재했다는 선명한 흔적이니까요.

●

충분히 빠져서
충분히 사랑하다

"우리가 자아를 유지하고자 하는 이면에는 온전히 자기를 놓아 버리고
대상과 하나가 되거나 어떤 것에 자기를 투신해 자기를
소멸시키고자 하는 열망이 있습니다."

아이가 부모와 맺는 신체적 접촉은 쾌락의 원천이고 충동의 원형입니다. 우리 모두는 갓난아기일 때 엄마 아빠와 밀착되었던 낙원을 경험했습니다. 그 기억과 감각이 우리 몸에 새겨져 있습니다. 그렇지 못한 사람은 그것을 소망했던 마음이 남았을 것입니다.

우리는 커 가면서 부모와 떨어지며 독립하며 낙원을 잃어 갑니다. 하지만 언제나 우리 몸 한구석에 남아 이 원형으로

돌아가고 싶은 충동은 매혹과 광기로 되돌아오기도 합니다.

사회화가 잘된 사람은 마치 애초의 낙원은 없었던 듯, 처음부터 그런 광기의 충동은 존재하지도 경험하지도 않은 듯 믿고 행동합니다. 그들은 사랑과 충동에 매혹되어 광기를 보이는 사람들을 이해할 수 없고 이해하고 싶어 하지도 않지요.

어떤 대상을 만났을 때, 그 뒤에서 후광이 빛나는 듯했다고 말하는 경우가 있습니다. 세상의 모든 배경이 사라지고 오직 그 한 사람만이 존재하는 것처럼 뚜벅뚜벅 자신에게로 걸어 들어오는 경험을 했다는 사람들이 있습니다. 전율은 일종의 환각 경험입니다.

수도원에 입회했던 제 선후배 수녀들 중에서도 수도원 입회를 결정하고 한동안 구름 위를 떠다니는 듯 기쁘고, 하루 종일 눈물이 쏟아지는 황홀경을 경험했다고 합니다.

꿈꾸는 결혼을 앞둔 신부가 너무 행복해 구름 위를 떠다니는 듯한 상황과 비슷하다고 할 수도 있겠습니다. 종교에서는 그것이 축복의 경험으로 상징적 의미화가 되지만 정신분석적 관점에서는 엄청난 쾌락과 감각의 환각 상태에 다름 아닙니다.

신과의 합일, 사랑하는 사람과의 합일, 너와 내가 하나라는 느낌만큼 에로틱한 것은 없습니다. 그러나 이 에로틱하고 에로스적인 합일감과 합일에 대한 충동은 상상계의 전유물이기도 합니다.

조 금 만   더
조 금 만   더

사랑이 시작되기 위해서는 내 안에 있는 어떤 상이 대상에게 투여되어야 하고, 그 어떤 것은 상대가 가진 상징적 특징으로 은유되어 드러납니다. 궁극적으로 사랑은 자신 안에 있는 무엇과 빠지는 것이지요.

물론 모든 인간은 자신 안의 어떤 표상을 대상에게로 돌릴 수 있습니다. 그래야 소위 정상적이라 말하는 관계를 맺고 사랑의 관계를 형성하며 살아갈 수 있기도 합니다.

윤서 씨는 한 남자를 만나 사랑에 빠졌습니다. 그녀는 오직 그 한 사람만 세상에 존재하는 듯 생활했습니다. 한순간도 그와의 연결감에서 벗어나고 싶지 않은 충동에 오히려 고통스러웠습니다.

분석실에서 그녀가 그외의 만남과 소통, 접촉에 대해 말할 때 눈빛은 흡사 약에 취한 사람 같기도 했습니다.

여성은 대상을 향해, 합일을 향해 경계를 넘어서기를 원합니다. 경계를 넘어서야만 가능한 합일의 절정은 다수의 남성들에게는 위협과 공포로 다가옵니다. 경계를 넘어서고자 하는 충동은 이미 여러 금지와 질서들 안으로 들어온 우리를 아주 위험하게 몰아세우기 때문입니다.

절정을 향한 그녀들의 사랑의 분투는 오히려 일반적인 남성을 견고하고 딱딱한 방어의 철벽으로 만듭니다. 남여가 결코 맞닿을 수 없는 비극이지요. 간혹 그 경계를 넘어 완전한 절정에 이르고자 하는 충동은 한 커플을 죽음에 이르게까지 할 수 있습니다.

윤서 씨가 원초적 합일의 감각적 쾌락에 빠진 동안 모든 세상의 시간은 따로 흘러갑니다. 아이의 눈에 온통 엄마로 가득차 있고 엄마의 눈에는 온통 아이로 가득 차 있는 시기, 아이는 엄마의 눈에서 오로지 자신을 접촉하며 전율하고, 엄마 몸과의 접촉은 감각의 제국을 열어 놓는 그때와 같습니다.

윤서 씨가 그에게 몰입할수록 그는 점점 더 윤서 씨를 밀어내고 조금씩 거리를 두고자 했습니다. 조금만 더 맞닿을 수 있다면 어딘가 정점에 달해 온전한 합일에 이를 수 있을 듯한데, 그는 자꾸만 뒷걸음치며 그녀를 밀어냈습니다. 그것이 윤서 씨를 좌절하고 무기력하게 하고 고통스럽게 했습니다.

윤서 씨가 "조금만 더, 조금만 더"라고 다가가는 그 충동은 죽음충동과 다르지 않기에 대상은 공포와 전율을 함께 경험하는 것이지요.

존재의 합일에 대한 갈망은 초기 연인관계에서 짧고 강렬하게 나타나서 사라집니다. 하지만 이런 사랑이 꼭 연인관계에서만 재현되지만은 않습니다. 합일을 향한 충동과 열망은 사랑에 대한 열망이지만 죽음충동에 가깝고 그것은 자기소멸을 향한 충동과도 같습니다.

우리가 자아를 유지하고자 하는 이면에는 온전히 자기를 놓아 버리고 대상과 하나가 되거나 어떤 것에 자기를 투신해 자기를 소멸시키고자 하는 열망이 있습니다.

자신을 불태우며
피어낸 사랑

자기 소멸의 열망을 생각하니, 오래전에 본 〈울지마 톤즈〉라는 다큐멘터리가 떠오릅니다. 그 다큐멘터리를 보며 많은 눈물을 쏟았다는 사람들의 후기를 들었습니다. 그 다큐의 주인공인 살레시오 수도회 이태석 신부님은 아프리카 톤즈에 자신을 투신했고 매우 짧은 생을 마감하신 분이지요.

저도 다른 사람들처럼 그 다큐를 보며 눈물을 흘렸지만, 감동의 눈물이 아닌 부러움의 눈물이었습니다. 신앙인이 아닌 정신분석의 창으로 보며 미치도록 부럽고 이해가 되는 눈물이었지요.

이태석 신부님은 의대를 나와 청소년을 돌보는 사명을 가진 수도회 살레시오회에 들어갔습니다. 그리고 아주 열악한 아프리카 톤즈에서 의료 활동과 학교를 운영하는 일을 병행했지요. 더불어 그 학교에서 밴드부를 만들어 본인이 직접 악기를 독학해 아이들을 가르치는 모습을 보였습니다.

'어떻게 저 모든 것이 가능할까?' 하는 생각이 들게 하는 장면들이었지요. 개인의 욕망과 사심을 내려놓은 수도자들이라고 해서 모두 그것이 가능하지 않습니다. 신부님이 돌아가시고 후임으로 온 같은 수도회 다른 신부님의 모습에서는 확연히 그 신부님과는 다른 분위기가 풍겼으니까요.

자신을 전부 바친다고 모두가 어떤 곳으로 들어가지는 못합니다. 그러나 이태석 신부님은 사랑의 광기 안에 들어가 있는 모습으로 보였습니다. 가난하고 약한 자들과 온전히 하나가 되고자 하는 그 열망은 연인이 합일에 이르고자 하는 그것과 본질적 모습은 같습니다.

자신을 불태우며 사랑에 다다르고자 하는 열망은 엄청난 쾌락을 발산하며 모두를 끌어들입니다. 그 쾌락은 승화적이며 온전히 자신을 잊게 만들고 상상할 수 없는 초과적 에너지를 쓸 수 있도록 만듭니다.

상식적이고 이성적으로 할 수 있는 선을 넘어서기에 범인인 우리는 그들을 거룩하게 보고 존경합니다. 그 선을 넘어서는 것은 광기와 쾌락의 절정에 이르고자 하는 열망이 승화된 하나의 모습이지요. 누군가는 쾌락과 절정에 이르고자 하는 충동으로 자신과 타자를 파멸로 이끌 수도, 누군가는 자신을 소멸시키며 누군가를 온전히 사랑의 변화로 이끌 수도 있습니다.

결국 이태석 신부님은 마흔여덟 살이라는 짧은 나이에 암으로 자아를 모두 불태우고 세계와 대상과 온전히 하나가 되어 녹아내렸습니다.

그것에 견주기에는 지극히 미천하지만, 저 역시 수도원 초기에 빨리 죽음에 이르고 싶다고 기도했습니다. 힘들어서 죽고 싶다는 사회적 관념이 아니라 '너무 기뻐서', '더 바랄 것이 없이 충만해서' 빨리 죽음에 이르고 싶다는 열망으로 기도를 하고는 했습니다.

아무것도 부러울 것도 아쉬울 것도 없는 상태를 경험하며, 반짝거리는 일상에서 표표히 저 점선 너머로 사라지고 싶다는 열망이었습니다. 그 사라짐은 실체 없는 신이라는 표상과의 어떤 합일에 이르는 열망이었습니다.

죽음 이후의 어떤 세계가 있을 것이라는 생각조차 들지 않았습니다. 그저 점점이 사라져 소멸하고 싶은, 너무 좋아서 점점이 저 속으로 사라져 들어가고 싶은 소멸에 대한 갈망과 욕구였습니다. 그때는 그것이 신앙의 충만함이라 믿고 따랐지만 정신분석을 알게 되면서 그것이 죽음충동과 합일의 광기에 다다르고 싶은 사랑의 충동이라는 것을 이해하게 되었습니다.

물론 지금은 잃었습니다. 이제는 다시 도래하지 않을 것을 알기에 이태석 신부님의 영상을 보며 부러움과 상실에 대한 감각으로 눈물을 흘렸습니다. 이제는 잃었고 저는 제 분석실에서 그 잃은 것을 하루하루 애도하는 것 같습니다. 그리고 그 잃은 것을 변주하며 새로운 것을 만들어 내기 위해, 새로운 사랑의 길을 찾기 위해 매일의 반복을 이어 가는지도 모릅니다.

환상을 버려야
내가 산다

"환상이 끝난다고 사랑이 끝나는 것은 아닙니다.
환상이 끝나는 자리에서 진정한 사랑이 시작될 수도 있으니까요."

주혜 씨는 남편과 이별을 결정했습니다. 결혼생활 15년 동안 주혜 씨는 최선을 다했습니다. 말 못할 무수한 감정들과 현실적인 여러 문제에 드디어 마침표를 찍었지요.

남편은 주혜 씨와 결혼하기 위해 결혼 전에 많은 공을 들였습니다. 주혜 씨는 꾸준한 남편의 모습에 반했고, 결혼한 뒤에도 유지될 것이라 생각했습니다. 그러나 결혼한 뒤에 남편은 주혜 씨가 생각하던 사람이 아니었습니다.

남편은 주혜 씨가 조금이라도 자신이 생각한 방향과 맞지 않고, 방해가 되면 허용하지 않았습니다. 단순히 허용하지 않는 것이 아니라 달변과 궤변으로 주혜 씨를 옭아매었습니다. 싸움이 지속되면 알 수 없는 궤변으로 끝없는 쳇바퀴만 돌리는 것 같아, 어느 순간부터는 주혜 씨 쪽에서 논쟁을 포기했습니다. 답은 정해져 있고 어떤 투쟁과 싸움에도 결과는 같았으니까요. 그렇게 주혜 씨는 점점 많은 것을 포기해 나갔습니다.

상대에게 거절을 표하다

주혜 씨의 남편은 강박적 구조에 있다고 봅니다. 강박적 구조에 있는 남성은 히스테리 구조의 여성과는 다른 방식으로 대상을 이상화합니다. 반대로 강박적 구조의 여성과 히스테리 구조의 남성이 있을 수도 있습니다. 다만, 남성 다수에게서 강박적 구조가 더 발견되고 여성에게서 히스테리적 구조가 더 발견됩니다.

남성으로 구조화되는 강박증자의 욕망은 자신이 원하는 대상을 '미라'로 만들기를 욕망합니다. 모든 요구와 욕망을 포기한 채로 죽은 자와 같이 텅 빈 사람을 만들고자 하는 욕망입니다. 살아서 숨 쉬며 펄펄 뛰는 개인의 고유한 욕망과 욕구를 모두 소멸시키고 텅 빈 존재로 단상에 올려놓으려 합니다.

그들은 자신이 상대를 욕망한다는 사실을 인정하려 들지 않고 그것을 직면하지 않기 위해 상당한 거리두기를 합니다. 마치 아내나 파트너의 모든 욕망과 행복과 불행에 무관한 것처럼 보이기까지 하지요.

그들의 태도에 배우자들은 좌절하고 절망합니다. 그들은 상대를 영원히 내려오지 않을 어떤 절대적인 자리에 놓습니다. 여성과는 다른 방식으로 남성이 여성을 이상화하는 방식입니다. 접촉하려 하지 않는 것이지요. 여기에 유아기 독재자의 어린 시절 요소가 그들에게 등장합니다.

드니즈 라쇼는 이렇게 말했습니다.

지배 충동, 사물을 지배하려는 충동을 자유롭게 행사하려는 유아기의 독재 측면이다.

여성과 접촉하지 않고 여성이 원하는 것을 주지 않고 닿지 않는 어떤 차원으로 데려갈 수 있을 때에야, 강박증자는 그것이 완전한 자신의 소유물이 되었다고 안심합니다. 그런 그들의 욕망에 어떤 여성들은 결국 자신을 포기하고 그런 남성의 욕망에 동일시된 욕망으로 자신을 속이고 타자들 앞에 나섭니다.

하지만 어떤 여성들은 끝끝내 남성적 욕망에 자신을 내어놓지 못하고 도발하거나, 그 강박적 구조에서 뛰쳐나오고 말지요. 많은 남편들의 변은, '나는 당신을 위해 가족을 위해 모든 것을 하고 있다. 당신을 위해 아무것도 부족함이 없도록 아무것도 결여되지 않도록 당신을 위해 모든 것을 주고 있다'라고 합니다. 강박증자의 이런 환상은 자신의 태도를 가장 합리화하는 것입니다.

이 이면에는 그들을 독재자로 만드는 부모의 양육 태도도 한몫합니다. 부족하기 전에 채워 주고 말하기 전에 이루어 주고 요구하기 전에 입속에 먹을 것을 넣어 주는 태도이지요. 강박적 구조가 대부분 남성에게서 나타나는 데는 이런 양육 태도와 환경적 요인도 큰 영향을 끼칩니다.

아이러니하게도 여성이 그런 남편으로부터 고통을 겪으면

서도 또다시 아들을 키우며 그런 남편을 반복 생산한다는 점입니다. 끝나지 않을 것 같은 여성과 남성의 순환 고리처럼 보이기도 합니다.

여성들은 남편 또는 파트너를 볼 때 자신이 상상하고 꿈꾸는 상을 그에게 투사합니다. 그렇게 사랑은 고조에 달하고 격정적인 사랑이 이루어지기도 하지요. 그것이 사랑의 본질이기는 해도 여성이 사랑하는 대상은 그 자체가 아니라 여성 자신이 투영한 어떤 상이라는 점이지요.

남성 또한 마찬가지이지만 조금 차이가 있습니다. 남성은 여성을 향해 자신을 채워 줄, 잃어버린 엄마의 젖가슴을 소환하는 의미로 여성을 찾습니다.

진짜 원하는 바를 찾는 일

주혜 씨는 남편이 더 이상 자신이 생각하는 사람이 아니라는 사실을 자각하기까지 15년이 걸렸습니다. 환상이 끝난다고 사랑이 끝나는 것은 아닙니다. 환상이 끝나는 자리에서 진정한 사랑이 시작될 수도 있으니까요.

하지만 주혜 씨의 고통과 고민은 사랑의 차원이 아니었습니다. 주혜 씨는 강박증자의 사슬에 옭아매어진 줄도 모른 채 올가미에 갇혔다는 사실을 깨달았을 뿐입니다. 결코 포기할 수 없는 '나로서의 삶'을 향한 충동과 추동이 주혜 씨에게 중요했습니다. 그 사실을 외면하면 개인의 윤리에 가장 위배되기도 합니다.

분석 과정에서 주혜 씨는 남편의 구조와 욕망에 대해 이성적이고 냉철하게 인지했습니다. 자신이 투사한 남편의 상이 얼마나 자신이 원하고 소망하던 상이었는지 그리고 그 표상을 이용해 남편은 어떤 만족을 얻어갔는지 깨달았지요. 무엇보다 자신의 욕망을 직면하기를 거부하고 대면하기를 회피하는 남편과 더 이상 논의와 소통이 무의미하다고 깨달았습니다. 그저 결정하고 행동하는 것밖에는 숨 막히는 삶에서 다른 출구를 찾을 수 없다는 결론에 이른 것이지요.

톰 행크스가 나오는 판타지 영화 〈빅(Big)〉을 보면, 어린 소년이 어느 날 갑자기 성인 남자가 됩니다. 그는 장난감 회사에서 일하며 자신의 소년 감성과 위트를 살려 성공적인 성과를 냅니다. 그 과정에서 여주인공과 사랑에 빠지지요.

많은 우여곡절 끝에 여주인공은 남주인공이 어린아이라는 것을 알게 되고 그를 차에 태워 집으로 돌려보냅니다. 작별하고 차에서 내려 돌아가는 도중, 어른이던 남주인공이 갑자기 어린아이로 바뀌어 양복이 늘어지는 장면이 나옵니다. 이 영화가 판타지물인 듯하지만 우리 현실과 괴리되어 있지 않다는 의미에서 매우 상징적인 장면입니다.

주혜 씨의 경우도 마찬가지입니다. 주혜 씨는 그렇게 거대하고 단단한 성처럼 느껴졌던 남편이 사실 커다란 양복 속에 작은 몸을 감춘 어린 독재자에 불과했다는 사실을 인지하면서 슬퍼졌습니다. 남편은 영화 속 남주인공처럼 조그맣고 명령하기 좋아하고 독재자 놀이를 하는 어린아이였는데, 주혜 씨는 산처럼 큰 성인 남성으로 보았지요. 그렇게 보고자 했던 자신의 욕망과 소망에 덧없고 허탈한 기분이었지요.

주혜 씨는 그런 어린아이를 감싸고 다시 품으며 진정한 사랑을 꿈꿀 수도 있을지 고민하기도 했습니다. 하지만 다시 돌아가서 그와 고통스런 논쟁을 하고 숨 막히는 순간을 견뎌야 한다는 생각에 고개를 저었습니다. 어린 독재자가 한 편으로는 안쓰럽고 애처롭지만 멀리서 볼 때 드는 생각일 뿐입니다.

막상 삶으로 들어가 그와 뒤엉킬 때 그 독재자의 욕망을 잠재우지도, 조율할 수도 없었습니다. 단단한 벽 앞에서 주혜 씨 자신도 무력한 여자아이 이상은 아닌 사실을 인정할 수밖에 없었지요. 부부관계에 들어가 있는 동안은 현실 역동을 결코 타계할 수 없다는 자각은 오히려 그녀의 취약함과 구조적 한계를 인정하고 받아들이는 계기가 되었습니다.

그렇게 그녀는 헤어짐을 결정했고 지금껏 부여잡았던 대상을 향한 환상을 포기하며 상실을 겪었습니다. 남편을 상실한 것 이전에 자신의 표상을 상실한 것이 우리 개인에게는 훨씬 더 강력한 상실감을 안겨줍니다. 그렇게 그녀는 자신의 환상을 잃었고 남편도 잃었습니다. 아무것도 남지 않은 듯 모든 것을 잃은 듯한 그 지점에서 어쩌면 주혜 씨는 비로소 자신으로 다시 태어날 수 있을 것 같습니다.

나를
소외시키지 말 것

"분석에서 애도의 가장 중요한 측면은 정서적 지지나 감정의 회고가
아닙니다. 충동이지요. 내가 어떤 충동의 포로가 되어 있으며
그 충동으로 인해 어떤 반복을 겪는지 읽어 내는 것입니다."

일곱 살 여자아이였던 지후는 삼촌은 매우 따랐습니다. 삼
촌은 지후와 다정하게 놀아 주며 챙겨 주며 살뜰히 아껴 주었
지요. 그런데 삼촌이 때때로 지후를 무릎에 앉혀 놓고 지후의
성기를 만지곤 했습니다. 아이가 느끼기에 그것이 부적절한
행동인지, 해서는 안 되는 행동인지가 모호한 상태였지요. 지
후에게 '좋은 사람'인 삼촌의 행위는 쉽게 뿌리치거나 엄마에
게 달려가 말할 수도 없는 이상한 상태에 놓이게 했습니다.

아이가 겪기에 상당히 혼란스러운 사건이 꽤 오랫동안 지속되었습니다. 이제 어른이 된 지후 씨에게 간혹 전문가들은 "그때 왜 엄마에게 말하지 않았나요?"라고 묻기도 합니다. 꽤 잔혹한 질문인 것 같습니다.

아이들은 그 행위의 의미를 정확히 알지는 못하지만 섣불리 이야기할 수 없는 모호하고 혼란스러운 상태를 종종 경험합니다. 친족의 추행을 그냥 곧이곧대로 다른 가족에게 알릴 수 없는 민감하고 불편한 사항임을 감각적으로 아이들도 알아차립니다. 어떻게 해야 할지 몰라서 그냥 말하지 못한 채로 시간이 흐르고 그 폭력에 지속적으로 노출되기도 합니다.

요즘은 유치원이나 학교에서 성교육 등 다양한 방식으로 아이의 몸을 함부로 접촉하지 못하게 하고, 아이에게도 누군가 접촉을 시도하면 저항하도록 가르치기도 합니다. 그럼에도 여전히 여자아이와 남자아이를 불문하고 아이들은 어른들의 나쁜 손으로부터 자유롭지는 못한 것 같습니다.

프로이트 학설을 따르는 프로이디안(Freudian)들은 아이가 부모의 성적인 장면이나 행위를 우연히 목격하고 그것에서 나쁜 이미지를 갖게 될 때, 환상 또는 초기 외상이라고 표현

합니다. 이런 아이는 내적으로는 억제와 억압으로 사랑에 대한 자유롭지 못한 태도를 갖는다고 봅니다. 아이는 부모가 아닌 타자, 즉 가까운 가족이나 친척이 자신을 상대로 성적 접촉과 만족을 추구할 때, 매우 혼란스러우면서도 몸의 감각은 자극에 익숙해집니다. 그로 인해 발생하는 정서적 문제는 너무 자명한 일이지요.

아이는 자연스러운 관계 안에서 나름의 질서를 가지고 성을 향유하는 단계로 나아가지 못합니다. 상처, 외상으로 남은 그 자극 주변 충동만이 아이에게 계속 맴돌게 됩니다. 일종의 도착적 현상으로 드러나기도 하지요.

성인이 된 지후 씨는 주변의 남자들에게 늘 여지를 주며 남성들이 자신에게 매료되거나 끌려오도록 하는 시도를 멈추지 않았습니다. 그녀는 친한 친구의 남자친구와도 복잡한 관계를 맺어 감당하기 힘든 갈등을 겪기도 했습니다. 그녀의 충동은 그녀의 삶을 더욱 고립으로 몰아넣었지요. 지후 씨 의지나 생각은 그렇게 하고 싶지 않은데 충동은 여지없이 어떤 신호를 던지고 그것에 응답하는 남성들과 무수한 관계를 맺었습니다.

오직 자신의 만족을 위했던 포악한 성인 남성의 손은 어린 여자아이의 육체의 감각을 포획했습니다. 지후 씨는 어린 조카를 쾌락의 산물로 삼았던 그 어른에 대한 복수를 자신의 삶에서 반복하고 있었습니다. 어린 시절에 이런 외상을 겪었다고 해서 모두 지후 씨와 같은 행동 패턴을 보이는 것은 결코 아니지요. 하지만 지후 씨는 도무지 끝날 것 같지가 않았습니다.

지후 씨의 성장 과정에서는 유난히 어른 남성이 주변에 많았습니다. 그것은 어머니로부터 기인한 것이기도 했습니다. 어른 남성들과 가까이 지내고 남성들로부터 호감과 시선을 받는 것을, 어머니는 곁에서 은근히 즐기고 부추겼습니다.

어머니는 슈퍼마켓을 운영했고, 지후 씨가 계산대에 있으면 남자들이 더 좋아하니 지후 씨를 더 앞세우기까지 했으니까요. 엄마의 요청은 마치 성적 욕망에 사로잡힌 남성들에게 만족을 제공하며 자신의 이득을 챙기는 포주 같은 모습으로 다가오기도 합니다.

지후 씨는 자신의 선택과 원의와는 전혀 무관하게 이런 쾌락과 요구의 밧줄에 묶인 채로 자신을 내던지며 살아왔습니다. 그러다 어느 순간, 자신의 삶이 너무 거칠고 척박하다는 생각을 하게 되었지요. 누군가 자신을 원하면 머리로는 그러고 싶지 않다고 생각하지만 마치 어떤 소용돌이 안으로 끌려 들어가듯 거절할 겨를도 없이 반응하고 호응하고 있었습니다. 그렇게 무수한 남성들에게 이끌리고 끌어들이면서 환멸을 느끼지만 저항할 수 없는 힘에 끌려가듯 생활은 늘 복잡했습니다.

그녀는 저를 찾아와 물었습니다.

"선생님, 출연하신 영상에서 애도해야 한다고 하셨잖아요. 저도 애도하면 지금과는 조금 달라질 수 있을까요? 그런데 무엇을 애도해야 하는지 잘 모르겠어요."

불안,
쾌락의 신호탄

분석에서 애도의 가장 중요한 측면은 정서적 지지나 감정의 회고가 아닙니다. 충동이지요. 내가 어떤 충동의 포로가 되어 있으며 그 충동으로 인해 어떤 반복을 겪는지 읽어 내는 것입니다. 상처나 외상으로부터 비롯된 충동이 반복되는 과정에서 어떤 쾌락을 발생시키고, 고통이라는 대가를 치르면서도 의식할 수 없는 쾌락을 놓지 못하는지를 읽어 내기 위한 노력을 의미합니다.

지후 씨가 스스로에게 해야 할 가장 우선적인 일은 자신의 몸의 충동, 즉 에너지의 흐름과 패턴을 인식, 인지하는 것입니다. 이성들로부터 시선을 받는 것을 단순히 즐기는 차원이 아닙니다. 이성의 관심과 시선은 누구나가 즐길 수도 원할 수도 있는 자연스러운 현상 중의 하나이니까요.

지후 씨가 고통을 겪는 것은 무질서이지요. 그 무질서조차도 자신이 혼란해하지 않고 받아들인다면 다른 국면으로 나아갈 수 있을지도 모르겠습니다. 하지만 몸과 충동의 흐름에 자신을 온전히 맡긴 채로 살면서도 늘 스스로에 대한 환멸과 고통에 갇힌다는 것이 문제가 되겠지요.

그 고통은 가장 먼저 내 몸의 흐름과 반응, 무엇보다 더 자극적인 관계에서 자신의 몸을 이용해 도발하고 던져 넣는 행위입니다. 친구의 남자친구, 내 남자친구의 동료, 이들은 어떤 면에서는 근친상간 관계이지요.

서로가 연결 고리 없는 모르는 사람들과 몸을 섞는 행위를 하는 것이 아니라 아주 가깝고 그것이 드러났을 때 관계가 파국에 이르는 것은 물론입니다. 그런데 지후 씨는 회복하기 어려운 상처를 주거나 남길 위험이 있는 관계들에 더 유혹적이 되다는 것이지요. 그 파괴적 관계나 행위를 시도할 때 가장 처음 느끼는 상태는 '불안'입니다.

지후 씨가 느끼는 초기 불안은 죄책감에서 오는 것이 아니라 '쾌락의 신호탄' 같은 것입니다. 엄청난 혼란과 무질서로 들어가기 전의 신호탄, 그러니까 흥분의 이면으로서의 불안이지요. 그 불안을 충분히 감지하고 불안이 어떠한 상태로 변해가는지를 관찰하고 감각해야 합니다. 무엇을 억제하거나 안 된다고 스스로를 다그치면 오히려 기름을 붓는 일과 같습니다. 하루아침에 변할 수 없는 내 몸을 인정하고 받아들이는 것이 먼저입니다.

위험한 관계에 이끌리는 나의 무의식적 회로, 물길을 반복적으로 감지하고 인지하는 오랜 연습이 필요합니다. 그것을 관찰하고 감각하는 과정을 충분히 경험하는 것만으로도 새로운 경험을 할 수 있습니다.

지후 씨는 새롭게 살아야겠다고 다짐하며 분석실을 찾았기에 자신의 충동을 억제하려고 시도했습니다. 분석가 앞에서 더 나아지는 자신의 모습을 확인하고 싶은 것도 자연스러운 현상이긴 합니다. 하지만 지후 씨와의 작업에서 분석가로서 가장 많은 공을 들여야 했던 부분은 억제하려는 그 초자아를 오히려 느슨하게 하고 이완하도록 이끄는 점이었습니다. 스스로 혐오스럽게 보는 그 증상을 밀어내고 구박하지 않기 위해서이지요. 왜냐하면 그 증상 자체가 어린아이가 겪었던 가장 아프고 고통스러운 호소문이기 때문이지요.

사회적으로 어떤 평가를 받든 분석의 장면에서는 그 증상을 섣부르게 해체시키거나 훼손하지 않아야 하니까요. 지후 씨는 무수한 날을 좌절하고, 똑같은 반복을 행하는 자신이 한심해 보이지 않느냐고 제게 묻기도 했습니다.

정신분석가라면 증상이 없어지지 않는다고 실망하거나 결코 한심해하지 않을 것입니다. 증상이 없어지지 않는 것보다 그 증상과 사투를 벌이며 결코 물러서지 않고 싸우는 지후 씨의 태도, 그 노력과 노동이 훨씬 귀하다는 사실을 알기 때문입니다.

지후 씨는 이전에 가까운 관계를 위험한 관계로 만들며 아슬아슬한 쾌락의 줄타기를 했습니다. 하지만 이제 조금씩 자신의 위험한 쾌락보다 그 쾌락의 대상이 되었던 관계와 사람들이 보이기 시작한다고 말했습니다.

지후 씨는 자신의 무질서한 삶에 조금씩 단호함을 보였습니다. 그 단호함이 자신과 대상들을 안전하게 보호하는 느낌도 처음으로 경험했습니다. 타자의 요구에 거절하지 못했고, 타자가 거절해 올 때 수단과 방법을 가리지 않고 그 거절을 무화시키려는 충동에 사로잡혔던 지후 씨였습니다. 거절하면 쾌락을 잃을까, 더 이상 나를 원하지 않을까라는 두려움이 거절을 하면서 안전하고 편안함으로 조금씩 경험되기 시작했습니다. 타자의 거절을 반갑게 느끼기도 했습니다.

재미있고 신기한 것은 그렇게 지난한 시간을 이야기하고 일상으로 돌아갔다가 또 이야기하면서, 지후 씨 안에 자신도 모르는 사이에 다른 것들이 들어와 있다는 점입니다.

"어머, 선생님, 제가 이런 것을 즐거워할 줄 꿈에도 몰랐어요. 저녁에 어쩌다 산책을 했는데, 웬일이에요. 그냥 좋은 거예요. 저한테 이런 게 즐겁게 느껴지다니요. 참 별일이 다 있어요. 사람들은 이런 즐거움을 매일 느끼면서 사나요?"

증상이 없어진 것에 초점을 맞출 것이 아니라 그 틈 사이로 아무것도 아닌 것들이 새롭게 고개를 내민다는 사실을 주목

할 필요가 있습니다. 엄청난 변화나 다이나믹한 변화로 내 삶이 어떤 지점에 도달하거나 무엇이 있으리라는 생각도 하나의 환상이지요. 이상적인 저곳, 어떤 환상, 즉 먼 곳에 눈을 돌리며 나를 소외시키지 않는 일보다 더 큰 변화가 있을까요?

지후 씨는 이제 더 이상 무엇을 애도해야 하는지를 저에게 묻지 않고 스스로 말하기를 이어갑니다.

잃어야 할 것은
잃어야 한다

"상실을 애도하는 것이 중요한 만큼,
잃어지지 않는 것을 잃어야 하는 것은 더욱 중요한 삶의 과업입니다."

재원 씨는 눈을 뜨면 채팅 앱을 열어서 오늘은 누구와 만날
지를 타진합니다. 그리고 약간의 기대와 무거운 마음을 동시
에 느끼며 해야 할 일을 치르는 심정으로 낯선 여성과의 약속
을 잡습니다. '원 나잇' 상대를 찾는 것이지요.

재원 씨는 치과의사입니다. 동기가 운영하는 정신과에서
우울증 약을 처방받아 복용합니다. 아주 오랜 시간 우울증 약

을 먹으며 생활하고 있습니다. 오래된 여자친구가 있지만 이런 상태로 결혼하는 일은 생각할 수도 없는 일입니다.

처음에는 여자친구에게 미안함과 죄책감이 들었지만, 이제는 이러다 지쳐서 떠나도 어쩔 수 없다는 생각에 모든 것에 의욕이 없습니다. 본인의 치과를 운영하고 싶은 생각이 때때로 들기도 하지만 현재의 생활이라면 병원을 말아먹고도 남을 것 같아 엄두도 나지 않습니다. 그저 페이 닥터를 하는 것도 있는 힘을 다해 버티는 중입니다.

무엇을 해도, 누구를 만나도 만족스럽지 않습니다. 저녁이 다가오면 맹수처럼 잠자리를 할 여성을 찾아 헤매지만 해도 해도 만족에 도달하지 않습니다. 그럴수록 더 허기지는 충동 때문에 멈출 수도 없습니다.

한 달씩 모텔에 방을 잡고 술과 여성들과 관계를 위한 만남을 가졌습니다. 어느 날에는 지독하게 어둡고 무겁고 질척거리는 늪으로 스스로 들어가 나오고 싶지 않은 기분이 들었다고 합니다. 재원 씨는 자신이 왜 이런 중독에 사로잡히게 되었는지, 왜 헤어 나오지 못하는지 알 수가 없어 늪을 헤매고 있었습니다.

물론 때때로 정신을 차리고 세상 밖으로 나오기도 했습니다. 그러다가도 눈부신 하늘이 너무도 낯설고 이질적이어서 어떻게 해야 할지를 모르는 느낌에 휩싸였습니다. 이대로 살면 삶이 파괴되지는 않을까, 이대로 살면 일조차 할 수 없어서 의사로서 파면되지 않을까 하는 불안이 재원 씨를 엄습하기 시작했습니다.

부 족 해 서 가   아 니 라
넘 쳐 서   생 기 는   것

재원 씨는 꽤 독특한 어린 시절을 경험했습니다. 재원 씨 어머니는 모유 수유의 의지가 강력한 분이었습니다. 덕분에 재원 씨는 수유를 충분히 받았지만 그것에서 끝나지 않았습니다. 재원 씨가 두 돌이 지나고 세 돌이 지나서 밥을 먹고 뛰어놀 때까지도 늘 엄마 젖을 물고 빠는 행위를 멈추지 않은 것이지요. 어머니는 아이에게 단절의 고통을 주고 싶지 않아서 그대로 두었다고 했지만 성장한 남자아이가 여전히 엄마 젖을 빠는 모습은 무언가 좀 기이한 느낌이 들지요.

재원 씨가 초등학교에 들어가서도 엄마 젖을 만지고 원하면 언제든 엄마의 빈 젖을 빠는 행위가 가능했습니다. 이쯤

되면 아들에 대한 사랑이 지극하고 아들에게 상실을 주고 싶지 않은 차원이 아니라, 아들에게 젖을 물리고 있는 엄마와 그 젖을 물고 있는 아이가 어떤 향유를 지속한다고 볼 수 있겠지요.

아이가 성장할 때 충분한 정서적, 물리적 양분을 공급받는 일 못지않게 중요한 것이 적절한 때에 "이제 그만"이라고 하는 부권적 금지가 개입되는 것입니다. 재원 씨에게 엄마의 젖은 이미 텅 빈 젖이지만 결코 금지가 일어나지 않기에 언제든 빨면서 자신의 쾌락과 만족을 추구할 수 있는 살아 있는 산물이었습니다.

상실할 때에 상실해야 하고 제대로 잃어야, 그것은 또 다른 환상을 구축합니다. 아이의 리비도는 커 가면서 산물(엄마 젖)이 아니라 다른 대상을 향하게 됩니다. 그런데 어머니가 자신의 젖가슴을 여전히 아이에게 쾌락의 산물로 제공하면서 다른 곳으로 에너지를 쏟거나 다른 곳에서 만족을 추구하도록 허용하지 않는다면 아이는 도착(倒錯)에 이르고 말겠지요.

재원 씨의 성관계 중독은 아무리 빨아도 더 이상 나오지 않는 빈 젖을 물고 빠는 행위와 같습니다. 젖이 나오기를 기다리며 빠는 것이 아니라 이미 빈 젖인 줄 알지만 빠는 행위 자체가 리비도이지요. 여기에 모든 성 충동이 달라붙어 젖이 헐고 찢어질 때까지 행위를 반복하는 것입니다. 재원 씨의 도착적 성 충동은 아이가 엄마 젖을 입에 물고 놓지 않고 감각적 밀착감과 접촉을 먹고 또 먹는 행위이지요.

모든 반복 행위의 끝은 죽음충동, 파괴를 향합니다. 재원 씨가 매일 성관계와 술에 절어 무질서와 쾌락의 한복판에서 반복 행위를 멈추지 않을 때, 그 끝이 어떤 식으로든 파국을 향해 치닫는 것이지요.

잃 어 버 리 고
다 시　채 우 다

부권적 금지가 없는 반복 충동은 마치 달리는 열차가 속도를 더 높이며 목적지를 잃고 질주하며 내달리는 모습과 같습니다. 이미 재원 씨에게 여성과의 잠자리는 만족과 쾌락의 차원을 넘어서 있습니다.

도착적 쾌락은 어떤 사물에 절대적 리비도가 투여되며 그것이 아닌 어떤 것으로도 대체되지 않습니다. 만족의 차원을 넘어 그 반복은 고통, 즉 주이상스(고통스러운 쾌락)의 차원에서 무한 재생됩니다.

재원 씨는 이 열차를 어떻게 멈추어야 할지 몰라 분석실을 찾았습니다. 그리고 자신의 의식과 무의식에 달라붙은 충동의 흐름과 진행 방식을 저와 함께 탐색했습니다. 최대한 천천히, 최대한 자세히 자신의 상태를 언어로 옮기는 작업을 진행했습니다.

몸의 충동이 언어로 옮겨지는 과정은 아주 오래, 천천히 세심하게 진행해야 하지요. 그것이 온전히 옮겨지려면 옮기는 과정에서 여러 서사와 새로운 의미들이 부여되고 경험되어져야 합니다. 열차를 완전히 멈추거나 방향을 완전히 틀 수 없어도 조금씩 속도를 늦추고 주변의 경치를 보아 가면서 달릴 수 있도록 말이지요.

우리는 흔히 삶의 어떤 문제가 생기면 결핍과 상처에서 기인한다고 믿어버리기가 쉽습니다. 그런 경우도 많지만 그렇지 않은 경우 또한 많습니다. 우울도 상처에서 기인한다고 생각하고 과거를 파헤치는 데 에너지와 시간을 엄청나게 할애하기도 합니다.

과거에 성장 과정에서 상처와 결핍을 찾자고 들면 모든 개인들은 책 한 권은 넉넉히 쓸 수 있을 듯합니다. 한 인간이 성장하면서 결핍과 상처를 없애고자 하는 것은 인간이 가진 온전성에 대한 본능적 추동이기는 하나 내가 문제라고 느끼거나 증상이라고 생각하는 것을 어떤 원인에 맞추고 바라보면 출구는 늘 정해져 있을 수밖에 없지요.

그것이 인과론의 함정이기도 합니다. 그리고 자기에게만 이롭도록 이미 정해져 있는 결론에 서사와 에피소드를 끼워 넣게 됩니다. 삶의 여러 파편과 조각조각 흩어져 부유하는 것들은 어느 순간 꿰어져 퍼즐이 맞추어져야 합니다. 억지로 끼워 맞춘 조각은 내 삶을 조금도 가볍게 하지 못합니다.

모자라서가 아니라, 결핍에서가 아니라 초과적 만족과 초과적 범람으로 인해 많은 증상이 발생하기도 합니다. 특히나 더 넘쳐나는 만족의 부유물들이 온 사회를 뒤덮는 것 같기도 합니다. 볼거리, 먹을거리, 입을거리, 정보, 육체적인 것, 정신적인 것, 이루 말할 수 없이 초과적인 것들이 넘쳐나는 요즘, 무엇을 더하고 자꾸 보태어질수록 더 허기가 집니다.

우리는 허기질수록 이렇게 묻습니다.

"무엇으로 어떻게 채우면 될까요?"

상실을 애도하는 것이 중요한 만큼, 잃어지지 않는 것을 잃어야 하는 것은 더욱 중요한 삶의 과업입니다.

4장

더 이상 아프지 않다

m o u r n i n g

애도 이후

너는 내가
될 수 없다

"유아기 나르시시즘적 단계에서는 타자와 자아의 분리가
이루어지지 않고 융합되어 있습니다. 그러다 점차 성장하면서
사고가 조금씩 입체적으로 형성되면 상대를 인식합니다."

우리가 쉼 없이 학습하고 매체에서 비춰지는 심리 치유나
회복 등에 관한 메시지는 위로와 지지, 공감에 초점이 맞춰져
있습니다. 마치 하나의 공식처럼 무의식적인 상태에서조차
끊이지 않고 우리 주변을 둘러쌉니다.

심리 치유는 일상에 없어서는 안 될 지극히 중요한 요소이
지요. 삶을 좀 더 긍정적으로 견디게 하고, 난관이나 어려움
을 툭툭 털고 일어나게도 합니다. 다수의 많은 사람들은 위

로와 공감, 감사한 마음으로 삶을 새롭게 살아가기도 하지요. 그러나 마음 깊숙한 곳에서는 매듭이 묶여 풀어지지 않는데 "네 잘못이 아니었다"라는 다독이는 말을 들으면 괜찮은지요. 공감과 위로만을 반복할 때 풀리지 않는 매듭은 어떻게 해야 하는지요.

많은 상담실에서 내담자들은 이렇게 말합니다.

"위로가 받고 싶었어요. 공감을 받고 싶었어요."

그렇게 전문가가 위로와 공감을 전하지만, 같은 문제는 반복이 되고 더 나아가서는 또 다른 전문가를 찾아 그것을 반복하기도 합니다. 정말 위로가 필요했을까요? 정말 공감을 받은 기억이 없는 것일까요?

위로가 필요하지만 받지 못했던 사람들은 정작 자신들에게 위로가 필요했다는 사실조차 인지하지 못하는 경우가 더 많습니다. 물론 그 욕구의 표현은 대상으로 하여금 위로를 이끌어 내고, 그것을 유지시키는 장치가 되기도 합니다.

위로의 느낌을 지속적으로 유지하지만 궁극적으로는 좋은 느낌을 받고 가벼워지거나 자유로워지지 못합니다. 정체된 감정, 만족하지 못한 마음이 출현하며 다시 다른 것을 찾게 되지요.

"저는 위로가 필요했는데 당신은 그것을 주지 않았어요."

내담자가 이렇게 말할 때 그 말을 곧이곧대로 들을 것이 아닙니다. 정작 그 사람은 위로가 아니라 좌절을 욕망하고 있을 수 있습니다. 그것이 정신분석의 의심입니다.

'나는 그것을 원했는데……, 그럴 줄 알았어. 내게 필요한 것은 위로였는데, 역시 나는 누구에게도 위로받을 수 없구나. 전문가인 당신조차도 나에게 그것을 주지 않는구나, 나는 역시 어디에서도 돌보아지지 않고 버려지는구나.'

이러한 생각은 욕망의 실현이고 애도를 가장한 충동의 승리입니다. 발화자의 무의식적 충동의 방점은 '위로'가 아니라 '나는 누구에게도 위로받을 수 없구나'에 있다는 것입니다.

"나는 버려졌어요."

버려진 아이에 대한 환상과 충동은 여성들에게 자주 나타
납니다. 유아기 나르시시즘 단계의 상상계적 상태와 여성적
구조에서 기인하는 피학적 상태가 결합하면 '버려진다'라는
환상이 완성될 수도 있다는 말이지요.

너 는 왜 내 가
아 닌 가

대부분 상담실에서는 내담자가 실제 버려진 느낌을 받았는
지를 탐색합니다. 성장하는 동안 거절과 거부는 예외 없이 누
구나 경험하는 감정과 상태입니다. 그것을 찾으려 들면 증거
는 안 찾아질 수가 없다는 말이지요.

이런 경우도 있습니다. 분석을 받던 분이 스스로 중단이나
종결을 결정하고 분석가에게 통보하고도, 그것을 분석가가
흔쾌히 수락하면 도리어 자신이 버림받았다고 느끼는 경우입
니다. 분명 거절과 단절은 본인이 말했는데 상대가 받아들이
면 자신이 버려진 느낌을 받는 것이지요.

회사를 그만두겠다고 사표를 던졌는데 대표가 알겠다고 바
로 수락하면 왜 자신이 잘리는 느낌을 받는지 이상하다고 생

각하는 경우와도 유사하지요. '내가 그만두겠다고 했는데 수락하니 내가 잘린 느낌이 드는구나'라고 생각하면 다행이지요. '역시 내가 그만두기를 바랐구나. 그럴 줄 알았어, 기다리고 있었던 거야'라는 의미와 해석이 부여되면 심리적 상태는 복잡해지고, 그로 인한 여러 증상들을 겪는 데까지 이르게 됩니다.

이것은 아동기 전의 유아들이 친구와 놀다가 친구를 세게 때려놓고 자신이 울어버리는 현상과 유사합니다. 그리고 선생님에게 친구가 자신을 때렸다고 말하는 것이지요.

그 아이에게 문제가 있는 것이 아니라 유아기 일차적 나르시시즘적 단계에서 흔히 나타날 수 있는 투사적 동일시일 뿐입니다. 나에게 가해를 한 것인지 구분하지 못합니다.

유아기 나르시시즘적 단계에서는 타자와 자아의 분리가 이루어지지 않고 융합되어 있습니다. 대상과 나를 구분하기 어려워하지요. 그러다 점차 성장하면서 사고가 조금씩 입체적으로 형성되면 상대를 인식합니다. 역지사지라는 개념도 배우게 됩니다.

이 흔적들은 크면서 억압되고 묻혀 있다가도 일생 동안 어떤 사건을 만나거나 상황에 놓이면 다시 도래합니다. 성인이 된 인간관계 안에서 이런 현상은 자주 발견됩니다. 우리가 가진 자기중심성에 따라 유아기적 투사, 동일시의 충동이 강하게 그대로 자리하는 경우입니다. 늘 타자로부터 박해받거나 버려지는 상태에 놓여 있다고 인식하고, 그 박해의 증거를 타자에게서 찾습니다.

나르시시즘이
갈등을 만든다

요즘 사회 문제로 대두되는 여러 현상 중에 교사들이 연쇄적으로 비극적인 선택을 한 일들이 있었지요. 직접적인 관계가 없어도 학교는 가정 못지 않게 보이지 않는 연결 속에서 서로에게 영향을 주고 또 받습니다. 그 연결이 어떠한 사건에서는 연대가 되고 어떠한 사건에서는 연쇄적 현상으로 일어납니다.

이 비극적 사태의 이면에는 양쪽 모두에게 다 말하지 못 할 이해관계와 서사들이 존재할 것입니다. 그럼에도 표면으로 드러난 현상이 있습니다. 저는 정신분석적 관점에서 이 글을 읽는 독자과 함께 고민해야 할 문제라는 생각이 듭니다.

아이를 키우다 보면 학교나 소아과 병원 등을 찾아가, 내 아이가 겪는 불편이나 부당함에 대해 항의하는 부모를 종종 봅니다. 문제는 단순한 항의에 그치지 않고, 그 담임 선생님이나 주치의들을 괴롭히고 훼손하는 데까지 이르는 일이지요.

물론 아이를 맡기는 학교나 병원 등에는 좋은 선생님뿐만 아니라 상식적으로 납득하기 어려운 선생님들도 있지요. 어느 곳, 어느 위치에서나 증상적 상태를 보이는 사람들은 늘 존재합니다. 부당하지만 소리 내지 못하고 감수하고 지나가는 부모들 또한 더 많이 있습니다. 이 맥락에서 다루어야 할 이야기는 사회 문제로까지 비화가 되는 증상적 현상입니다.

정치적으로는 법적인 제도 문제로 비화되고 공방이 이어져 책임을 서로 전가하는 모습이 드러나기도 하지만, 사회적으로 드러나는 이슈나 증상은 결국 우리와 완벽히 떨어진 문제는 아니지요. 사회적으로 드러난 것은 보이는 이미지로 하나의 고정관념과 편견이 형성되기 쉽상입니다. 그러면 그 안에서 억울한 이들이 또 생겨납니다.

부모가 자신의 아이가 부당한 일을 당했다고 느낀다면, 그것이 어떻게 발생했고 내 아이가 어떠한 상태에 놓였는지 탐색하고 알아보는 시간이 필요합니다. 그 과정은 매우 불편하고 고통스럽습니다. 충분한 탐색 뒤에 부모가 해야 하고 할 수 있는 조치들을 하기까지 상당히 힘겨운 노력을 다해야 합니다. 이러한 것들은 정확하고 명확하게 드러나지 않는 경우가 대부분이니까요.

그런데 여기서 증상적 문제는 내 아이가 겪은 부당함이나 불편함을 차치하고 인식하고 탐색하려는 노력과 고통, 불편함이 없을 때 생깁니다. 문제가 일어남과 동시에 아이와 전적으로 동일시되어 무조건 분노하고 격분한 상태가 되면 증상적 문제가 발생하는 것이지요.

앞서 말했듯 아이들은 입체적으로 상황을 인지하는 것이 아니라 특유의 나르시시즘적 상태로 인해 모든 문제를 자기중심으로 인지합니다. 더 나아가 친구를 때리고도 자신이 맞은 것으로까지 인지할 수 있는 것이 아이들이기도 합니다.

문제 있는 아이여서가 아니라 아이는 유아기 나르시시즘적 충동이 강하기 때문이지요. 그런 이해 없이 내 아이의 말을 무조건 믿는다면 부모 또한 자신이 어른으로서 해야 할 노력을 하지 않는 것입니다.

그렇다고 아이의 말을 무조건 의심하는 것도 아이를 소외시키는 문제로 발생할 수 있습니다. 아이에게 문제가 생겼을

때 무조건 내 아이의 문제로 바라보며 내 아이를 잡는 것 또
는 상대방의 문제 때문이라고 전적으로 탓하며 상대를 잡는
것 모두 같은 상태에 있다고 볼 수 있습니다. 드러나는 양식
에 차이가 있을 뿐이지요.

18개월 이전의 아이들은 거울에 비친 자기 이미지를 자기
로 인식하고 그 이미지를 이상적인 인간으로 받아들입니다.
이미지와 실제 자기를 하나라고 생각하는 것이지요. 이미지
가 실제의 자신이 아님을 인지하는 데서 간극과 결여, 갈등과
분쟁이 발생합니다.

이렇게 상상계 나르시시즘적 상태의 아이는 외부와 자신의
차이를 인지하지 못하고 인정하지 못하는 상태에 있습니다.
내가 슬픈 것을 엄마가 슬픈 것으로, 엄마가 슬픈 것을 내가
슬픈 것으로 인지하지요. 그리고 부모나 타자가 내 마음처럼,
내 뜻대로 되지 않을 때 엄청난 공격성이 출몰하기도 합니다.

많은 부모들은 마치 아이의 그런 상태와 욕구, 요구를 모두
채워야만 상처 없는 아이로 자라게 한다는 환상을 가지기도
합니다. 결핍 없는 온전한 아이로 성장시키고 싶은, 반대로는
내가 그런 온전한 부모가 되고 싶은 그 환상도 하나의 나르시

시즘적 환상입니다.

고통받는 타자에게
향할 줄 아는 시선

아이 문제가 사회 문제로까지 번지는 이유는 아이 자체의 문제가 아닙니다. 도리어 아이가 처한 상황이나 보고하는 상황을 어른인 부모가 유아적 나르시시즘적 상태나 편집적 상태에 매몰되어 보기 때문에 발생합니다.

어떤 권력이든 권력을 휘두를 때 강력한 현상과 고통받는 타자들이 발생합니다. 내 아이나 가족이 겪는 문제를 입체적으로 보기 위한 노력을 할 수 없는 상태라는 것은 상상계에 매몰되었거나, 나르시시즘의 한 축인 편집적 상태일 수 있습니다.

편집적 상태는 자신만의 어떤 틀을 결정해 놓거나 결론을 정하고 문제를 받아들이고 해석하는 것입니다. 다른 논의의 여지나 조율의 여지가 전혀 존재하지 않습니다. 타자가 나처럼 내 아이를 생각하지 않는 것을 견디지 못하거나 내 아이만 괴롭힌다고 느끼거나, 내 아이에게만 부당하다고 느끼는 것이지요.

 실제로 내 아이에게만 부당함이나 가해적 상황을 만드는 사람들이 있을 수 있지요. 그것을 제대로 인지하기 위해서는 부모가 아이를 동일시 선상에서가 아니라 타자로 인식할 수 있어야 합니다.

 우리는 몸이 다 성숙한 어른이고 사회인으로서나 가족 안에서도 번듯하게 살아가기에 매우 이성적이고 객관적으로 세상을 바라본다고 생각하기 쉽습니다. 하지만 인간이 가진 정신의 구조와 충동은 아무리 어른이라 하더라도 단계별로 성장하고 완료하기란 불가능합니다. 그렇게만 된다면 인간사에서 고통과 갈등이 사라져야겠지요. 인간의 여러 상태는 일생을 두고 순환합니다.

 사랑한다는 것은 유아기적 환상과 이상적 애착감, 이상적인 온전성으로 다시 회귀하는 상태라는 말과 같습니다. 인간이 가진 상상계적 환상과 감각, 충동과 쾌락은 일생을 두고 순환 작용하니까요.

 상처와 결핍에 초점을 두고 자신의 증상이나 상태를 바라보면 끝없이 무언가를 보상해야 할 것만 같습니다. 그 초점 자체가 인간이 가지는 결여에 대한 태도, 무언가를 가득 채우고자 하는 충동의 한 측면이니까요. 모자라서가 아니라 과도한 범람이, 초과된 무엇에 압도되어 타자와 나, 세계와 나를 분리하지 못해 일어나는 고통입니다.

애도의 기술

수없이 잃어버리고
마침내 찾은 것

"애도에 대한 기술의 막바지에서 꼭 짚어야 할 것이 있습니다.
바로, '애도는 누구에게 필요하고 꼭 필요한 것'인지입니다.
삶은 애도로 가득 차 있고 알고도 또 모르고도 끊임없이 반복합니다."

도무지 삶의 의미를 찾지 못하거나 내가 원하는 것이 무엇인지 찾고 싶다고 호소하는 사람들이 많습니다. 크게 일상의 문제는 없는데 지루하고, 경제적으로 살 만은 한데 무기력하고, 이것저것 배우기도 하고 운동도 열심히 하는데, 도무지 출구는 보이지 않지요. 그래도 '내 깊은 곳을 찾다 보면 진짜를 발견할 수 있지 않을까?' 하는 열망을 가지기도 합니다.

어떤 사람은 모든 것을 사유 안에서 사유로 이어나가며, 그

진짜 또한 사유 안에서 찾아내려 합니다. 찾아지기만 한다면, 삶의 변화를 꿈꿀 수 있다고 느끼기도 합니다. 또는 분석가를 찾거나 전문가를 찾아가 분석의 장에서 분석가와 마주 앉아 이야기만 풀어놓으면, 무언가가 찾아질 것이라 막연하게 생각하기도 합니다. 유능하거나 저명한 분석가가 알아서 질문하고 해석하고 풀어주면 무언가 실마리를 찾을 듯 생각하지요.

그런 상태를 아주 잘 들여다보면 힘들여 써야 하는 에너지를 최대한 타자에게 의존하거나 양도하려는 마음이 스며 있습니다. 특별히 잘못된 태도라서가 아니라 우리가 가진 본능적인 쾌락 원칙이 그러하기 때문이지요. 안락함을 유지하기 위해 애쓰고 힘써야 하는 원칙, 불쾌하거나 불편한 에너지 소모를 피하려는 현실 원칙 말입니다. 분석은 실천입니다. 실천은 노동이지요. 애도 또한 행위이고 행위는 노동입니다.

생각이 멈추고
노동이 시작될 때

제 주변에 네 살 때부터 그림을 그리기 시작해 그것을 업으로 삼고 사는 사람이 있습니다. 그 사람이 어릴 때, 그림을 그리면 동네 사람들이 다 모여서 그 광경을 봤다고 합니다.

그는 타고난 그림 실력으로 광고계의 유명한 콘티 작가가 되었습니다. 미대를 나오지도 않았고 정말 타고난 소질 하나로 꾸준히 노력과 반복 훈련으로 정상에 올랐습니다. 타고난 재능으로 정상에 올랐다고 해서 마냥 자신의 소질만을 믿고 살지는 않습니다. 매일 그림을 그리고 매일 자신에게 그림을 맡길 광고주들을 기다리며 움직입니다. 노동을 쉬지 않지요.

많은 이들이 '내 적성을 찾기만 하면, 내가 원하는 것을 찾아내면 된다'라고 생각합니다. 하지만 그런 것은 애초에 존재하지 않았을 수도 있습니다. 내가 원하는 진정한 내 모습은 깊숙한 곳에서 찾아낼 수 없습니다.

정신분석은 내가 아닌 나를 걷어내는 작업이고 그렇게 걷어내다 보면 종국에는 아무것도 남지 않습니다. 그렇기에 내 삶의 의미를 갖게 할 무엇을 찾아내는 것이 아니라 '만드는 것'입니다. 대단한 의미를 가진 무엇을 찾아내는 것 또한 상상적 판타지입니다. 지극히 사소하고 하찮은 무엇이라도 그것을 내 삶의 중심으로 가져다 놓고 '진짜가 되도록 만드는 노동'이 존재할 뿐입니다.

정신분석이 진정한 변화로의 이행이 되기 위해서는 일주일에 한두 번, 한두 시간의 언어와 사유 작업만으로 이루어지지는 않습니다. 아무것도 하지 않으면 아무 일도 일어나지 않습니다. 삶의 변화를 주기 위해 운동도 하고 그림을 배우거나 악기를 배울 수도 있습니다.

그것이 내 삶의 새로운 변화를 주기 위해서는 아무리 사소하고 하찮은 취미라도 내 삶의 핵심과 중심으로 승격시키지 못한다면 이것저것 취미를 전전하는 것에서 끝나고 맙니다. 지루해지면 그만두고 또 다른 새로운 것을 다시 찾아 나서는 반복을 해야 하지요. 여기서 말하는 노동으로서의 실천은 자아를 잊을 만큼 몰입하고 자아를 놓아버릴 만큼 집중하는 것을 말합니다.

저는 수도원에서 오르간 반주를 했습니다. 연습은 주로 모두가 잠든 소등 시간을 이용해 어두운 성당에서 홀로 했습니다. 매일 아침 미사 반주를 해야 하는 압박이 있었고, 스무 살 넘어 독학으로 익힌 오르간 반주이기에 저에게는 엄청난 과업이었습니다.

도저히 늘지 않는 반주 실력과 매 구간마다 틀리는 악보 사이에서 씨름하며 좋은 것이 있었습니다. 바로, 걱정을 잊었다는 것입니다. 마치 무아지경에 이를 것처럼 어느 순간은 같은 마디를 수십 번 수백 번 반복했습니다. 악보의 건반을 누른다는 생각과 의미는 모두 사라지고 절대 고독 안에서 텅 빈 무아를 경험한 순간이 있었습니다. 도저히 안 될 것 같은 악보의 마디였는데, 그 무아의 반복과 광기 어린 반복 속에서 손가락이 저절로 먼저 움직였지요.

그렇게 독학으로 수도원의 반주자가 되었습니다. 정말 어렵고 현란한 악보를 연주하는 수준까지는 도달하지 못했지만 수도원의 크고 작은 행사와 미사의 반주는 무난히 할 수 있는 수준까지는 갔던 것 같습니다. 그 과정이 절정의 순간이었고 무아의 순간과 다르지 않았음을, 분석을 공부하며 뒤늦게 깨달았습니다.

지금은 그때의 그 절정감에 대한 향수만이 존재할 뿐입니다. 오직 정신분석을 하면서 다시 그 무아로 가기 위한 포기 없는 노동을 매일매일 합니다. 텍스트를 읽고 그것을 해석하는 '공부'를 하는 것이 아니라 노동의 층위에서 반복이지요.

생각이 멈추고 노동이 실천이 되는 순간은 우리의 의식과 무의식을 가득 채우는 이미지와 상상계적 의미들이 함께 정지됩니다. 자아가 멈추고 오직 살아 있는 사물로서 절정에 다다릅니다. 어쩌면 찰나에 끝나고 말 그 순간을 위해서 다시 행위를 반복하고 반복합니다. 그 실천은 그것으로 충분한 가치를 지닐 수도 있습니다. 그것은 지극히 고된 노동이고, 그 노동은 우리를 사로잡은 온갖 이미지와 우울, 멜랑꼴리로부터 해방시켜 줄 것이기 때문입니다.

어떤 좋은 해결 방법 따위는 존재하지 않습니다. 내 삶을 뒤바꾸고 진정으로 변화시키는 것은 실천으로서의 노동만 있을 뿐입니다. 새로운 일을 시도하는 것도 좋지만 무엇을 배우고 경험한다고 해서 삶의 만족이나 정체된 욕망의 출구를 낼 수는 없습니다. 새로운 일이든, 익숙한 일이든 마치 그것이 내 삶에 없어서는 안 될 무엇인 양, 많은 양의 에너지와 노동이 투여되어야 합니다.

애 도 는
꼭 필 요 한 것

애도에 대한 기술의 막바지에서 꼭 짚어야 할 것이 있습니다. 바로, '애도는 누구에게 필요하고 꼭 필요한 것'인지입니다. 삶은 애도로 가득 차 있고 알고도 또 모르고도 끊임없이 반복합니다.

내 삶의 정체된 것, 누락된 것을 의식 위로, 언어 위로 올려 애도하는 과정이 필요하기도 하고, 무의식적으로 하는 복수로서의 애도를 짚어내며 좀 더 나를 훼손하지 않는 방식의 애도하는 기술이 필요하기도 하지요. 하지만 애도가 아닌 결여와 공간이 허용되어야 하는 삶의 순간도 반드시 필요합니다. 어쩌면 너무나 초과된 욕망, 초과된 쾌락에 압도되고 숨 막혀 하는 순간들도 많이 있습니다. 초과된 어떤 것들로 인해 무기력하고 공허함을 호소할 수 있습니다. 애도를 내 안의 어떤 것을 채워 넣는 행위로 시도한다면 가득 찬 언어와 의미들에 또다시 질식당할 수 있습니다.

요즈음 많은 사람들은 과도하게 범람하는 의미와 초과된 만족에 놓여 있습니다. 단순하게 말해 너무 많은 것을 쫓아 살다 보니, 오히려 결여나 결핍이 늘어난 삶입니다. 아무리 채워 넣어도 우리 삶의 결핍감은 사라지지 않습니다.

불만족과 실제적 결여를 혼동하며 삶의 위기를 겪는 사람들이 있습니다. 경제적으로도 부족하지 않고, 직업적으로도 아쉬운 면이 없고, 실제적 삶의 위기나 어려움이 없지만, 정신적으로 앞으로 나아가지 못해 질식할 듯 숨 막히는 답답함을 경험합니다. 이들에게는 아무리 맛있는 음식을 먹어도 만족스럽지 않고 아무리 멋진 옷을 사들여도 부족합니다.

영화 〈토니 타키타니〉는 무라카미 하루키의 소설을 원작으로 만들어졌습니다. 무척 인상 깊게 본 영화 중 하나입니다. 이 장에서는 여주인공에 대한 부분만을 간단하게 살펴볼까 합니다. 에이코는 아름다운 쇼핑 중독자이지요. 영화는 그녀의 옷에 대한 매혹과 중독을 무척이나 우아하게 그려냅니다.

에이코는 아름다운 옷들을 더 아름답게 소화하는 신체를 가졌고 그 자신을 더욱 아름답게 빛내줄 옷을 고르는 안목도 탁월합니다. 그녀의 눈에 들어온 옷을 입는 순간은 단순한 쇼핑에 중독된 것이 아니라 '사로잡히는 순간'입니다. 영화 속 그녀는 홀린 듯이 매혹된 옷들을 사들고 집으로 돌아오지요. 이런 대사가 있습니다.

그녀는 마치 머나먼 세계를 향해 날아오르는 새가 특별한 바람을 몸에 걸친 것처럼, 매우 자연스럽고 매우 우아하게 옷을 입고 있었다.

그녀는 단순히 옷을 사 모으는 중독이나 옷을 채워 넣는 행위에 만족을 느끼는 것이 아닙니다. 이미지를 먹는 것이지요. 아름다운 옷이라는 이미지와 자신과의 융합 안에서 절정감과 만족을 동시에 경험합니다. 그것은 충동의 차원입니다.

인간이 '나'를 느끼고 경험할 때 이미지는 필수적인 요소로 우리 의식에 포함됩니다. 이미지 없이 인간은 어떤 표상으로 존재할 수 없기 때문이지요. 하지만 '나'로 인식되는 그 이미지는 온전한 진짜가 아닙니다. 투영된 여러 상이 뒤엉켰기 때문입니다. 충동은 의지를 넘어선 사로잡힘이지요. 그리고 충동은 언제나 반복과 마지막 끝점을 향합니다.

에이코에게는 성실하고 묵묵히 자신을 위해 일하는 고독한 남편인 토니가 있습니다. 토니는 에이코에게 쇼핑을 줄이라고 제안하지요. 그녀는 자신의 충동과 남편에 대한 사랑과 존중 사이에서 남편의 제안을 받아들이기로 합니다. 자신의 충동을 제어한다는 것은 그녀에게는 지극한 사랑의 차원이었을 것이니까요.

그렇게 남편의 제안을 받아들여 옷을 환불하고 돌아오는 길에 결국 넘어서지 못한 충동과 이미지를 향한 그녀의 사로잡힘은 운전대를 돌리게 만듭니다. 그녀가 운전대를 꺾어 옷을 향해 다시 돌아서는 순간, 죽음을 마주하며 사라져 갑니다. 그녀가 옷을 사고 또 사들인 이유는 결핍감이 아닌, 사로잡힌 충동과 아름다운 이미지를 먹고 또 먹는 초과된 욕망과 만족의 반복입니다. 결코 파국이 아니고서는 완전한 만족에 이를 수 없는 충동의 본질이지요.

내 삶이 어느 순간 숨이 막히고 갑갑한 터널 속 같다고 느껴진다면, 무언가 앞이 보이지 않고 출구가 보이지 않아 막막하다고 느껴진다면 멈추고 덜어내는 작업이 필요한 순간 같습니다. 시간을 비우고, 식단을 비우고, 옷장을 비우는 멈춤과 결여를 허용하는 실천의 순간 말입니다.

나를 위한
책임감 있는 선택

"도망가고 회피하고 싶은 것은 우리 모두가 가진 본능이지만
그럼에도 어떤 것을 책임지고 실천할지는 선택입니다.
불쾌하고 불편한 순간을 직면하고 책임을 지는 일은
누구를 위한 것이 아니라 나 자신에 대한 충실함입니다."

우월감을 과시하는 사람들이 있습니다. 우월감은 남보다
내가 낫다고 생각하지만, 그 이면에는 불안과 공포가 있을 수
있습니다. 관계에서 권력적인 태도와 우월한 태도를 고수하
는 경우에, 그 이면의 상태를 탐색하는 과정에서 그들이 스스
로에게 부여한 자기 표상은 매우 혐오스럽고 부정적인 경우
가 많습니다.

그런 자신의 부정적인 상에서 우월감과 권력적 태도를 견지

하는 경우가 많지요. 그것은 스스로 대면하지 않기 위한 방어의 차원에서 이뤄지지요. 그들 내면 깊숙한 곳에서는 타인들에게 약해 보이거나 모자라 보일 때 스스로 자신을 혐오할까 봐 두려워합니다. 우울이라고 생각하지만 섬세하게 심층을 탐색하다 보면, 우울이 아니라 분노인 경우도 그렇지요.

가족이나 가까운 사람들에게 느끼는 분노와 증오 감정이 그들과의 관계를 해치고 싶지 않은 방어로 억압될 때, 우울과 무기력으로 나타나기 쉽습니다. 이런 우울과 무기력은 남성들에게서 좀 더 자주 드러나는 것 같습니다.

다수의 남성들은 감정을 매우 수동적으로 인식하거나 자신의 감정과 대면하기를 어려워합니다. 그들 중에 부모나 아내에 대해 부정적인 감정을 넘어 증오의 감정을 갖는 경우가 있습니다.

가까운 가족에게 부정적이고 혐오스러운 감정을 느끼고 직면하는 것은 두려운 일이기도 합니다. 그래서 그 혐오감으로부터 수동적으로 자기를 보호하려 하지요. 병원을 찾아가고 약을 처방받아 보지만 일시적으로 괜찮은 듯하다가도 어떤 상태를 벗어날 수가 없습니다. 그것은 '우울'이 아니라 '분노'이기 때문입니다.

잘 표 현 하 고
잘 말 하 는 일

어떤 남편은 세월이 가도 도저히 이해할 수 없는 아내의 태도나 성격 때문에 실제로 혐오감이나 증오의 감정을 느낍니다. 하지만, 가장으로서나 아이들의 아빠로서 아이 엄마에게 느끼는 부정적인 감정을 본능적으로 회피합니다. 아내에 대한 부정적 감정과 상태를 인지하거나 느끼면 가정을 위협하고 아이들에게 위협이 된다고 느끼는 것이지요.

절대로 이혼은 생각할 수 없고 아이들을 위험하게 할 수도 없다는 동물적 감각을 보입니다. 하지만 그것을 꺼내어 놓는다고 해서 누구도 위험해지지 않습니다. 오히려 억압하고 물 밑에서 꿀렁거릴 때 더 상상적 불안과 위험으로 다가오게 될 뿐이지요.

그 바닥에 깔려 있는 분노와 증오가 말로 표현되지 않고, 자신의 분노와 감정의 실체를 이해하지 못하면, 끝없는 우울의 늪에서 나오기 어렵습니다.

여기서 '잘' 말한다는 것은 분석이나 상담의 형식적이고 안전한 규칙 안에서 감정과 상태를 분리시키며 이야기되는 것을 말합니다. 가까운 친구와 가족들이 함께 담소를 나누고 수

다를 떠는 차원에서의 말함은, 스스로의 감정과 상태를 직면하는 것이 아니라 소모적 에너지를 반복하는 것에 그치고 말기 때문입니다.

간혹 가까운 사람들이나 분석가에게 스트레스나 쌓인 감정들을 거침없이 쏟아내면 해소가 된다고 오해하는 사람들이 있습니다. 크나큰 오해이지요. 말을 쏟아 붙는 것은 배설물을 쏟는 행위에 지나지 않습니다. 배설물은 금세 다시 차기 마련이고 그것을 듣는 이들은 쓰레기통이 되고 말지요.

설령 지치지 않는 무한대의 쓰레기통이 있다고 해도 결코 쏟는 방식으로는 어떤 것도 해결되거나 달라지지 않습니다. 오물 같은 감정도, 온갖 역겨운 생각과 감정도 그것을 '잘 말하는 과정'이 필요합니다. 다시 말해 미사여구를 쓰는 말이 아니라 상징적 언어 절차에 의해 풀어서 말해야 한다는 것입니다.

감정은 그것이 기거할 언어, 즉 기표를 찾아 제대로 안착하지 않으면 폭력적인 방식으로 자신과 타인을 집어삼킵니다. 그래서 분석가는 억압하지 않고 내담자 안의 것을 끝까지 있는 힘을 다해 잘 말하게 합니다. 감정이 자기 자리를 찾아 주기 위한 시도입니다. 정신분석에서는 상상계에서 상징계로 이동하는 애도 작업의 핵심이라고 봅니다.

불편하지만
꼭 해야 할 것들

우리가 가진 자기애는 불편하거나 불쾌한 접촉이 생기면 본능적으로 자신을 방어하려 합니다. 무언가에 책임과 실천을 다한다는 뜻은, 이 불편과 불쾌한 접촉을 기꺼이 감수하며 앞으로 나아가는 행위를 말하지요.

애도를 말할 때 자기애 경향은 본능적으로 위로를 받고 이해를 받습니다. '의지가 되는 느낌'을 충분히 누려야만 한다고 여기는 것 같습니다. 하지만 이런 감정적 위로와 지지만으로 애도는 완성되지도 끝나지도 않습니다.

저는 수도원에서 10여 년 동안 수도 생활을 마무리하는 과정이 그 어떤 순간보다도 고통스럽고 힘들었습니다. 결정의 과정도 고통스러웠지만 결정 이후에 치러야 하는 절차들도 마찬가지였습니다. 그냥 어느 날 소리 없이 조용히 사라지고 싶다는 마음이었지요.

　수도회 어른들에게 결정을 알리고 공동체 어른 수녀님들께 인사를 하며 마무리를 짓는 과정은 이루 말할 수 없이 고통스러웠습니다. 그 생활을 정리하는 저를 대하는 여러 수녀님들이 느끼실 배신감이나 불편감, 걱정과 우려들을 직접 대면할 때 회피하고 싶었기 때문이지요.

　그럼에도 꾸역꾸역 모든 과정을 끝까지 해야 한다고 막연하게 생각했던 것 같습니다. 총원장 수녀님께서는 이런저런 이야기 없이 "괜찮겠니?"라는 한 말씀만을 하셨습니다. 그때 그 동안의 모든 고뇌와 고통들이 무너져 내리며 수도원 바닥에 엎드려 엉엉 울었던 기억이 납니다. 총원장 수녀님은 "괜찮아, 어디서도 잘 살 거야. 결정했으니 잘 살아야 한다"라는 말로 저의 결정을 받아 주셨지만 모두가 그런 반응은 아니었겠지요.

　수도원을 나와 세상 속에 살아가면서도 그때를 떠올리면 '참 잘한 일이다. 참 잘한 일이었다'라는 생각을 합니다. 왜냐하면 그 불편한 과정과 절차를 겪고 고통스러운 작별 인사를 드리고 나온 뒤의 제 삶은 뒤를 돌아봐도 아무런 후회나 아쉬움이 남지 않았기 때문이지요. 앞으로 나아가는 제 선택들에

한 점 거리낌이 없었기 때문입니다.

우리가 회피하고 싶은 불편한 순간과 불쾌한 순간들을 대면하지 않는 애도는 진정한 애도라고 하기 어렵습니다.

도망가고 회피하고 싶은 것은 우리 모두가 가진 본능이지만 그럼에도 어떤 것을 책임지고 실천할지는 선택입니다. 불쾌하고 불편한 순간을 무조건 피하고자 하는 일은 어린아이와 같은 상태에 다름 아니지만 그것을 직면하고 책임을 지는 일은 누구를 위한 것이 아니라 나 자신에 대한 충실함입니다.

우리는 굳이 모든 일에 어른이 될 필요도 없고 어른이 될 수도 없습니다만, 스스로에 대한 충실함은 우리 삶을 또 다른 층위로 나아가게 할 것입니다.

매일 미워하고,
매일 사랑하다

"현재를 바로 보고 살아가려면, 차근차근 과거의 감정과
서사를 살피고 원인을 끼워 맞추는 것보다
현상이라는 표면 위에 드러난 방향과 구조를 읽어야 합니다."

윤지 씨는 네 살 때 부모님의 이혼으로 아버지 밑에서 자랐습니다. 아버지는 두 살 터울인 언니와 윤지 씨를 부양하며 암으로 돌아가실 때까지 홀로 계셨습니다. 그러나 윤지 씨의 기억에 아버지는 부정적인 상으로만 남아 있습니다.

윤지 씨가 분석가 앞에서 아버지를 비난과 힐난으로 이야기하면, 어떤 틈새도 없이 감히 그 언어들 사이를 비집고 들어갈 수 없었습니다. 아버지를 비난하는 윤지 씨를 자칫 아버

지로부터 상처를 받았기 때문이라고 생각하기가 쉽습니다. 하지만 어떤 서사와 그 서사에 부착된 감정에만 매달리면 놓치게 되는 면이 있습니다. 정말 무엇을 원하는지 말입니다. 윤지 씨는 분석가라는 거울 앞에서 아버지를 무섭게 물고 뜯었지만 정작 아버지와 함께 있는 것이었으니까요.

아버지를 신랄하게 뜯는 윤지 씨를 보면 마치 아버지가 바로 곁에 있는 느낌이 들곤 했습니다. 돌아가셨는데도 바로 윤지 씨 곁에 있으면서 마치 윤지 씨를 괴롭히는 것처럼 보였지요. 다른 사람이 언뜻 듣기에는 얼마나 아버지에 대한 원한이 많기에 이토록 아버지를 비난하고 힐난하는지 하는 생각이 들 것 같습니다.

윤지 씨가 아버지를 향한 비난을 점점 멈추면, 저는 하나씩 차근히 윤지 씨에게 아버지와의 일화를 물었습니다. 어린 윤지 씨의 기억 속에는 아버지가 김밥을 싸서 소풍날 보내준 기억, 언니와 셋이 함께 외식도 하고, 졸업식이나 입학식에는 연차나 월차를 내고 무슨 일이 있어도 달려왔던 아버지가 있었습니다.

이혼하고 두 딸을 홀로 부양하며 아이들을 방치하지 않고 아버지 나름의 최선을 다해 양육했습니다. 하지만 윤지 씨에게 아버지는 좋은 기억이 아니라 그냥 있었던 일이었습니다. 좋고 나쁨의 의미를 부여하고 좋다고 생각한 기억이나 이미지를 억압한 것은 윤지 씨 자신이었지요.

윤지 씨에게 아버지는 자라는 동안 따뜻하거나 다정하지 않고 버럭 화를 내기도 하여 무섭기도 한 아버지였습니다. 다른 친구들처럼 엄마가 없는 빈자리를 어떻게 해서든 메워 보려는 아버지의 노력이 윤지 씨는 더 싫게 느껴졌습니다. 저역시 좋은 아버지였다고 말하지 않았습니다. 그저 이렇게 답했지요.

"그런 일이 있었군요."

듣는 이가 이렇게 표현했으나 윤지 씨는 아버지를 떠올릴 때면 몹시 불편한 기색을 드러냈습니다. 자세히 이야기를 하다가도 뚝 끊고 굳이 아버지에 대한 나쁜 인상을 퍼 올리려 애쓰는 듯 보이기까지 했습니다. 제가 그런 윤지 씨에게 이런 표현을 쓰기까지 꽤 많은 시간이 지나야 했습니다.

"윤지 씨가 아버지를 정말 많이 사랑했군요."

윤지 씨는 자신이 아버지를 얼마나 사랑했는지 인정하지 않았지요. 그 사실을 받아들일 수 없기에 비난과 힐난의 방식으로 아버지를 놓지 못하고 어떤 작은 부정적인 건수만 보여도 그것을 아버지와 연결하며 아버지를 소환해 함께 있기를 시도했습니다.

어린 윤지 씨에게는 거친 표현을 하고 화를 내기도 하고 자린고비 같았던 아버지에 대한 나쁜 이미지와 좋은 이미지를 함께 받아들이는 것이 혼란스러운 일이었을 것입니다.

나쁜 사람과 좋은 사람 사이에서

유아는 타자, 즉 대상을 처음 받아들일 때 좋은 대상, 나쁜 대상이라는 이분법으로 나눕니다. 그렇게 세상을 바라보고 인지합니다. 그래서 어린아이들은 모호한 상태나 중립적 상태 또는 양가적 상태를 함께 받아들이기를 힘들어 합니다.

제 딸아이가 초등학교 저학년 때, 저와 함께 드라마를 보는데 저에게 이렇게 물어 보더군요.

"엄마, 저 사람은 나쁜 사람이야, 좋은 사람이야?"

아이는 주인공이나 등장하는 인물들 하나하나를 좋은 사람인지, 나쁜 사람인지 물어보았습니다. 그렇게 이분법으로 사람을 인지하는 모습을 보였지요.

아이가 조금씩 자라면서 좋고 나쁨이 함께 공존하고, 또 그렇게 둘로 나눌 수 없는 무수히 많은 존재가 있다는 것도 배우고 익히게 되었지요. 그렇게 익히고 배우려면 어른들과의 소통과 대화가 필요합니다. 또 친구들, 선생님, 주변의 여러 환경과 접하고 소통하면서 조금씩 의식의 폭도 넓어집니다. 그러나 몸은 성장했지만 어떤 이유로든 어린 나이의 어느 순간에 정서적, 인지적 시간이 멈추어 버린 사람들도 많이 있습니다.

우리는 영화나 드라마를 보며 나쁜 놈과 착한 놈을 구분하기를 좋아합니다. 그리고 착한 놈이 이기는 끝을 대부분 좋아하지요. 그것은 매우 선명하고 또 우리가 받아들이기에 매우 편안하고 안전합니다.

윤지 씨의 정신세계에서, 떠나서 곁에 없었던 엄마는 자신을 버린 사람이 아니라 오히려 아름답고 좋은 사람이었습니다. 나쁜 아버지 곁에서 떠날 수밖에 없었던 가녀린 사람으로 위치해 있었지요. 엄마는 좋은 사람이라는 상, 아버지는 나쁜 사람이라는 상으로 둘로 나뉘어 있었습니다. 그 이미지 안에 가두어 받아들이는 일이 어린 윤지 씨를 더 안심하고 편안하게 했던 것이지요.

아버지의 감정 기복이나 성인 남성의 이해할 수 없는 모습들을 '그냥 아빠는 나쁜 사람이고 우리를 힘들고 불행하게 하는 사람'이라고 결론지어 놓고 모든 상황을 받아들이며 살아왔습니다. 분석 시간에 아버지에 대한 좋은 기억들이 소환될라치면 매우 불편함을 느끼며 어떻게든 그 이야기를 피하고싶어 했습니다. 비난과 나쁜 이야기를 할 때만 편안한 마음으로 아버지를 초대하고 함께 있을 수 있었지요.

정신분석가 맹정현의 《멜랑꼴리의 검은 마술》에 이런 말이 나옵니다.

사랑과 증오의 양가감정으로 인해, 대상을 증오하는 것이 곧 대상을 부여잡는 것과 마찬가지가 된다. 대상에 대한 증오는 사라진 대상을 부여잡기 위해 사용한다는 것이다.

윤지 씨 고통과 상처의 애도에 있어서 핵심은 '아버지를 증오하거나 미워하는 것이 아니라 아버지를 떠나보내고 있지 못하다'입니다. 그녀가 아버지를 증오라는 형태로 붙들고 있는 것은 어린아이가 세워 놓은 자신의 틀, 말하자면 이분법적이고 나르시시즘적 틀에서 벗어나기를 두려워한다는 것이지요.

왜 그것을 두려워할까요? 아버지를 잃기 전, 윤지 씨는 엄마가 없는 상태에서 엄마를 이상적으로 그리워하며 살았습니다. 엄마의 부재를 받아들이기 어려운 어린아이가 그 부재의 자리에 엄마에 대한 이상화를 기표로 세운 것이지요.

아이는 엄마의 부재에 대한 두려움과 불안으로부터 회피하기 위해 엄마라는 환상을 만들어 놓았습니다. 그러면서 엄마가 함께 있지 못하는 이유는 아버지가 나쁜 사람이어야 하다는 이분법도 생겨났습니다. 이것도 모두 윤지 씨가 만들어 놓은 환상의 공식입니다.

충분히 좋은 아버지는 아니었을지언정 실제로 윤지 씨를 책임지고 함께 있던 사람은 아버지였습니다. 그것을 윤지 씨의 무의식이 모를 리가 없지요. 아이가 만든 환상 공식 안에서 여전히 엄마를 이상적인 사람으로 그리며 아버지는 나쁜 사람이어야 하고, 나쁜 아버지를 그리워하는 것은 또 균열을 일으키기에 증오라는 환유의 방식으로 아버지를 붙들고 놓아주지 못하는 것입니다.

어머니와 아버지 사이의 불화와 그 속에서 윤지 씨의 갈등과 고통에 대한 이해와 애도가 정서와 감정적인 차원에서만 이루어지면 어떨까요? 현재 윤지 씨가 증오를 붙들고 부정적인 감정과 기억들을 가까스로 붙들고서라도 아버지와 작별하고 있지 못한다는 사실을 간과하게 됩니다. 이 또한 애도가 제대로 이뤄지지 않아서 생기는 현상이지요.

현재를 바로 보고 살아가려면, 차근차근 과거의 감정과 서사를 살피고 원인을 끼워 맞추는 것보다 현상이라는 표면 위에 드러난 방향과 구조를 읽어야 합니다.

나를 소외시키지
않는 삶

"자신을 밖으로 꺼내지 못하면 우리는 스스로를 인식할 수도
자신에게로 돌아갈 수도 없습니다. 자신에게 돌아갈 수 없다면
애도는 끝나지 않는 반복으로 소환될 뿐입니다."

지현 씨는 꽤 도서 지역인 곳에서 수재로 자랐습니다. 부모
님은 농사를 지으셨지만 매우 현명한 분들이셨고 자녀에 대
한 교육에도 적극적인 분들이셨지요.

지현 씨는 어머니를 떠올리면 '대장부'라는 이미지를 떠올
렸습니다. 어머니를 늘 존경하고 감사한 마음을 품었지요. 대
쪽 같은 어머니는 언제나 철두철미하고 지현 씨의 교육 일에
는 발 벗고 나섰지만 소위 치맛바람 엄마들처럼 앞으로 나서

거나 극성스러운 분이 아니었습니다. 뒤에서 묵묵히 헌신적으로 뒷바라지하며 딸을 키우셨지요.

초등학교에서 중학교로 진학하면서 지현 씨는 언니와 함께 도시로 보내졌고, 그곳에서 학업뿐만 아니라 예체능 교육도 열심히 받았습니다. 뭐든 주어지면 척척 해내는 지현 씨는 하고 싶은 것들이 많았습니다. 부모님도 지현 씨가 하고자 하는 것은 어떻게든 하도록 지원했습니다.

그렇게 부모님의 든든한 지원을 듬뿍받고 성장한 지현 씨는 5급 행정고시 공무원에 합격했습니다. 직장에서도 인정받아 연이은 승진으로 한국 사회에서는 상당한 고위직에 위치하게 되었지요. 그녀는 자신보다 더 유능한 남편을 만나 유복한 가정을 이루었습니다.

그런데 행복하지 않고 좀처럼 불안으로부터 자유로워지지 않아 괴로움을 호소했습니다. 도무지 자신이 왜 이렇게 늘 불안하고 불편한지 이해되지 않았습니다. 더 나아가 중학교 1학년, 3학년에 재학 중인 자녀들과도 갈등을 심하게 겪었습니다. 도무지 아이들이 이해가 되지 않고 공감이 되지 않으니 매번 충돌하고 어긋나기가 일쑤였습니다.

아이들과의 관계가 점점 악화되던 어느 날, 이대로는 나중에 아이들이 지현 씨 자신 때문에 잘못될까 봐 두려웠습니다.
지현 씨 생활이 제대로 이루어지지 않을 정도가 되었지요.

외 로 운
척 척 박 사

지현 씨의 이야기를 듣는 줄곧 제 머릿속에 떠오르는 한 가
지는 '참, 외로웠겠구나……'였습니다. 지현 씨는 자신을 잘
키운 부모님, 착한 남편, 자신의 직장도 좋은데 왜 지속적인
불편감과 불안감에 시달리는지에 몰라서 고통스러워하고 있
었지요.

크게 부족한 것이 없는데 왜 아이들에게 따뜻해질 수 없는
지 몰랐습니다. 아이들 때문에 죄책감에 시달리면서도 막상
아이들을 대면하면 논리적이고 이치를 따지게 되어 마찰이
크게 번지곤 했습니다. 아이들이 원하는 것은 엄마와의 접촉
인데, 지현 씨가 아이들과 접촉이 아니라 강령만 설명했기 때
문입니다.

이야기를 듣는 동안 저는 지현 씨가 좋은 환경에서 좋은 지
원을 받아 커다란 문제없이 감사하게 잘 자랐다고 말하는데

도, 타인이 아니라 자기 자신을 가장 불편하게 느낀다는 생각이 들었습니다.

뭐든 척척박사처럼 잘하지만 그런 자기 자신이 좋은 느낌으로 와닿는 것이 아니라 알 수 없는 불안감과 죄책감들로 가득 차 있는 것이지요. 특별히 잘못한 것도 없고, 커다란 문제도 없는데 지현 씨는 왜 그토록 스스로를 불편해하고 불안해하며 일상의 만족을 누리지 못하고 있을까요?

가장 먼저 의심해 보아야 하는 것은 그녀의 무의식을 지배하고 있는 '충동'입니다. 그것이 누구의 강력한 지배나 영향력 아래에 있는지 확인해야 합니다. 그녀가 가진 불안이 그녀의 현실적인 문제로부터 기인했는지, 어머니나 아버지의 것이 전이되어 자신에게서 발화되었는지 분별해 내야 하지요.

지현 씨의 어머니는 곧고 반듯한 분이셨지만 지현 씨의 존재를 수용하는 태도를 보이거나 수용의 느낌을 주지 못했습니다. 어머니는 곧잘 따라오는 지현 씨를 채찍질하며 더 잘하도록 했고, 어머니 자신의 삶을 대물리지 않기 위해 성장과 성취에 지독하게 매진하셨습니다.

지현 씨가 모든 것을 잘 해낼 만큼 영리한 아이였다는 것이 어쩌면 더 독이 되고 재앙이었을지도 모르겠습니다. 지현 씨는 모든 것은 자신이 원해서 시작했고 어머니는 도왔을 뿐, 어떤 강압이나 압력이 없었으니 부모님의 잘못은 아니라고 말했습니다.

하지만 시작한 일을 중간에 멈추면 안 되는 어머니의 단호함으로 늘 버거운 성장 과정이 보였습니다. 어머니는 앞만 보고 달리는 분이셨고 자신만 달리는 것이 아니라 자신이 달리는 성취라는 레일 위에 고스란히 딸을 올려놓았지요. 지현 씨는 그 레일의 속도감을 스스로 멈추지 못했습니다. 그녀가 만든 레일이 아니니까요.

지현 씨가 스스로와 겪는 불편은 그녀 안에 있는 어머니의 욕망과의 마찰이고 그녀가 겪는 죄책감은 어머니의 욕망대로 살아가며 자신을 소외시키는 것에 대한 죄책감입니다. 끝까지 자신의 주인 자리를 자신이 갖지 못하는 것, 그 소외와 죄책감은 아이들에게 이어져 몰이해와 공감의 부재, 접촉의 거부로 나타났지요.

부모님으로부터 성과와 성취에 압박을 받는다고 모두 지현 씨처럼 불안이나 불편감을 달고 사는 것은 아니지요. 중요한 것은 지현 씨가 어머니의 욕망과 어머니의 불안을 그대로 자기 것으로 받았다는 점입니다. 그 속에서 마찰을 빚거나 갈등을 일으킨 일 없이, 오롯이 어린 자아의 많은 부분을 내어 주며 마흔이 넘도록 살아왔지요. 지현 씨 정신의 주인은 아직도 어머니가 터줏대감으로 자리하고 앉아, 어떤 편안한 상태도 접촉하도록 허용하지 않았습니다.

지현 씨는 분석 시간에 말을 시작하면 이야기의 내용과 상관없이 눈물을 쏟느라 코가 막혀 숨을 제대로 쉬지 못할 정도였습니다. 지현 씨가 겪는 내적 균열은 의식의 차원에서 받아들이는 부모님과 무의식의 차원에서 알고 있는 자신에 대한 진실 사이에서 일어나는 간극입니다.

의식적인 차원에서는 누구도 자신을 핍박하지 않았고 모든 것은 자신이 원해서 했으며 그래서 많은 것을 얻어 어느 위치에 달했으니 행복하라고 말하지요. 그런데 불편하고 불안하고 아이들에게 인색한 자신에 대한 죄책감으로 고통이 생깁니다.

무의식의 차원에서 일어나는 충동은 단 한 번도 내 아이들처럼 짜증내거나 자신을 있는 그대로 드러내며 표현해 보지 못한 복수를, 아이들에게 하는 것이지요. 모르고 반복하면 무의식적인 애도, 그 이면은 무의식적 복수가 됩니다. 그녀는 자신이 무엇을 잃어버렸는지도 모른 채 잃어버린 어린 자신을 아이들과 갈등을 겪으며 다시 소환하고 애도하고 있었습니다. 가장 고통스러운 방법으로요.

그렇다고 지현 씨는 따뜻함이나 공감과 지지에 목말라 있지도 않습니다. 누군가 친근하게 다가오면 부담스럽고 감정과 친밀함을 나누는 것이 불편하고 싫다고 합니다. 지금처럼 남편과 적당한 거리로 잘 지내고 회사에서도 업무를 잘 수행하고 있는 정도에서만 관계를 맺고 싶다고 말합니다.

자칫 "당신은 따뜻함과 친밀함이 결여되어 있으니 그것을 충분히 경험하면서 회복이 필요하다"라고 접근할 수 있겠지요. 그렇지 않습니다. 지현 씨는 결핍으로 인해 상처가 일어난 것으로 끝나지 않습니다. 그녀의 결핍이 정서와 정동에 체화되는 과정에서 충동이 일어나고 그것은 어느 방향, 어떤 반복으로 고정이 됩니다. 이를 간과하면, 지나친 정서적 회복에 집중하게 될 수밖에 없지요.

아무리 정서적인 지지를 받고 회복에 집중해도 그녀가 터득하고 반복하는 충동과 그 충동의 방향을 알아차리지 못하면, 언제나 제자리로 돌아갈 수밖에 없습니다. 지금의 그녀는 자신이 결여한 따뜻함을 원하지 않기 때문입니다. 그때 받았어야 할 정서적 지지를 지금 받는다고 해서 애도가 되지도 않습니다.

소외된
내면아이

정서적인 차원에서 지현 씨가 자신의 어린 존재, 친밀함과 안락한 부모의 품을 경험하지 못한 채 소외된 것은 분명합니다. 충동의 차원에서 그녀는 늘 앞을 보고 달리는 어머니의 충동과의 동일시 안에서 자신의 주체는 완전히 배제된 상태입니다.

그녀가 자신의 환경과 자신을 인식하는 것도 전부 부모님의 시선으로 보는 자신입니다. 많은 것을 받고 잘 자란 부족함 없는 아이라는 모습이지요. 자신도 자신을 그렇게 바라보는데 그렇게 보이는 자신 외의 소외된 자아는 계속해서 소리칩니다.

지현 씨의 아이들은 지현 씨처럼 순응적이고 복종하며 어머니의 욕망에 종속되거나 따르지 않습니다. 지현 씨는 아무리 좋은 엄마가 되기 위한 마음 정리를 하고 좋은 접근 방법을 숙지하며 되뇌어도 막상 아이들 앞에 서면 모든 것이 사라지고 맙니다. 지현 씨 속에서 소리치는 아이가 그 순간 지현 씨의 주인이 되는 것이지요.

지현 씨의 경우 진정한 애도는 그때에 자신에게 무엇이 결여되고 지금은 원하지 않지만 그때 자신이 무엇을 원했는지 깊이 돌아봐 주고 충분히 읽어 내는 과정이 필요합니다. 여전히 소외된 자신이, 여전히 어머니와 동일시되어 앞만 보고 달리려는 충동을 살펴야 합니다.

지현 씨 아이들 또한 같은 방식으로 소외시키고 있다는 것을 입체적으로 바라보는 시간을 충분히 가져야 합니다. 충동은 아무리 보려고 해도 익숙한 방향과 패턴으로 지현 씨를 끌고 가려고 할 것입니다. 다시 끌려갈 수도 있고 끌려가도 됩니다. 그렇게 하는 자신을 관찰할 수만 있으면 됩니다.

관찰한다는 것은 자신 속으로 매몰된 에너지를 자신 밖으로 꺼내는 작업입니다. 자신을 밖으로 꺼내지 못하면 우리는 스스로를 인식할 수도 자신에게로 돌아갈 수도 없습니다. 자신에게 돌아갈 수 없다면 애도는 끝나지 않는 반복으로 소환될 뿐입니다.

과거에서 헤어 나오지 못하는 사람들을 위한 심리학

애도의 기술

© 박우란 2023

1판 1쇄 2023년 12월 5일
1판 2쇄 2024년 3월 11일

지은이 박우란
펴낸이 유경민 노종한
기획편집 유노라이프 구혜진 **유노북스** 이현정 조혜진 **유노책주** 김세민 이지윤
기획마케팅 1팀 우현권 이상운 **2팀** 정세림 유현재 김승혜
디자인 남다희 홍진기
기획관리 차은영
펴낸곳 유노콘텐츠그룹 주식회사
법인등록번호 110111-8138128
주소 서울시 마포구 월드컵로20길 5, 4층
전화 02-323-7763 **팩스** 02-323-7764 **이메일** info@uknowbooks.com

ISBN 979-11-91104-81-3(03180)